「深い学び」を促す
小学校英語授業の進め方

スモールトークからコミュニケーション活動へ

ABCDE
FGHIJK
LMNOP
QRSTU
VWXYZ

樋口忠彦 監修

泉惠美子・加賀田哲也・國方太司 編著

教育出版

はしがき

　文部科学省は，第17期中央教育審議会答申（2016）「グローバル化が急速に進展する中で，外国語によるコミュニケーション能力は，（中略）生涯にわたるさまざまな場面で必要とされることが想定され，その能力の向上が課題となっている。」に基づき，小・中・高等学校の外国語教育の改善を行った。2017年告示の小学校学習指導要領で，中学年では外国語活動，高学年では外国語科の実施が告示され，2020年4月から全面実施されている。外国語教育の早期化，長期化を図るという大改革である。それゆえ，従前の小学校外国語教育に対する考え方では，新学習指導要領は理解しにくい点がある。そこで，今回の改訂の趣旨を踏まえてより望ましい小学校外国語教育を実現するために，改訂がめざす小学校外国語教育の在り方や進め方のポイントを確認するとともに，「主体的・対話的で深い学びを促す授業」実践に有効な提案を行うのが本書刊行の目的である。

　第1部（理論編）では，主体的・対話的で深い学びを促す授業作りの基盤となる理論，第2部（実践編）では，第1部の理論を踏まえた中・高学年の合計24件の授業実践例を紹介する。この編集方針に沿って，次のような先生がたに執筆を依頼し，玉稿をお寄せいただいた。
・現在，小学校の外国語教育において素晴らしい成果をあげておられる先生がたや，長年小学校で外国語の授業を担当され，現在，大学で小学校外国語教育関係の授業を担当されておられる先生がた。
・小・中・高等学校の英語教育を理論，実践の両面から長年にわたり研究されておられる大学の先生がた。

　本書を一人でも多くの小学校の先生がたにお読みいただき，「主体的・対話的で深い学びを促す授業」作りのための教材研究，指導法研究の視点やアイディアを得ていただくことを心から願っております。

　最後に，本書刊行の機会を与えていただいた教育出版㈱の伊東千尋社長，廣瀬智久関西支社長にお礼を申し上げます。また，編集の実務を担当していただいた阪口建吾，舟本朝子の両氏に心よりお礼を申し上げます。

　2021年4月　　　　　　　　　　　　　　　　　監修者　樋口　忠彦

目　次

理 論 編

深い学びを促す英語授業づくりの基礎・基本

　2020年度から全面実施の学習指導要領は，「何ができるようになるか」「何を学ぶか」「どのように学ぶか」といった3つの視点から改訂がなされた。その中で，どのように学ぶかでは，「主体的・対話的で深い学び」いわゆるアクティブ・ラーニングが求められている。では，深い学びとはどのようなものなのか，小学校英語の授業づくりの中で考える。

　第1部は理論編である。中学年から「外国語活動」が，高学年で教科として「外国語」が新たに始まるにあたり，第1章では小学校英語にはどのような理念があり，その目的は何なのかをひも解く。

　第2章では，小学校英語の目標と学習到達目標を，学習指導要領を中心に概観する。目標と学習到達目標を十分理解したうえで，授業を構想し，小学校英語の基本的な枠組みについて考える。

　第3章では，「主体的・対話的で深い学び」を促す授業の進め方と学習形態について，その前提となる基本的な考え方を整理する。深い学びとはどのようなものか，いかに授業を進めればよいのか，そのような学びを成功させるためには，どのような学習形態が望ましいかを考察する。

　第4章では，深い学びを促す授業を進めるための単元構成，単位時間の授業構成や短時間授業との関連について述べる。

　第5章では，他教科・他領域との教科横断型教材開発の視点とその進め方を，具体例を挙げて概説する。

　第6章はデジタル教科書などをどのように扱えばよいのかといったICT活用法を具体的に取り上げ，最後の第7章は資質・能力を伸ばす評価の進め方について，指導と評価の一体化，さまざまな評価の方法などについて述べる。

第1章 小学校英語教育の理念と目的

　本章では，まずグローバル化が進展する社会における日本の外国語教育の理念と目的，次に，小学校英語教育の理念と目的について考える。

1　日本における外国語教育の理念と目的

　グローバル化が進展する 21 世紀においては，政治や経済のみならず，世界の国々に共通する課題の解決やよりよい共生社会の実現に向けて，国家及び市民レベルで協力，協調していくことが強く求められる。つまり，現存する環境，貧困，人権，平和，福祉，開発などさまざまな地球規模の課題に対し，市民レベルでは，グローバルな視点を持ちながら，国民一人ひとりが「自分ごと」として捉え，自分なりに課題解決に向けて取り組もうとする態度や能力の育成が重要となる。つまり，国民一人ひとりが，グローバル教育のスローガンとも言える "Think globally, Act locally" の精神を持ち備えていることが求められる。

　英語が堪能であっても，それだけでは「グローバル人材」とは言えない。つまり，単に英語を話すことができる技能のみならず，日本においては，母語である日本語や日本文化に誇りを持ちつつ，異なる価値観や文化を持つ人々を理解，尊重するための知識や教養も必要となる。平和で民主的な共生社会を構築するためには，国民一人ひとりが豊かな人間性や社会性を持ち，さまざまな人々と心を開いて，積極的にコミュニケーションを図ることができる能力や態度が真に求められることになる。

　2020 年度から小学校，中学校，高等学校と漸次実施の『学習指導要領解説』の「第 1 章総説」の「 1　改訂の経緯及び基本方針」の冒頭に以下の文言がある。

　　今の子供たちやこれから誕生する子供たちが，成人して社会で活躍する頃には，我が国は厳しい挑戦の時代を迎えていると予想される。生産年齢人口の減少，グローバル化の進展や絶え間ない技術革新等により，社会構造や雇用環境は大きく，また急速に変化しており，予測が困難な時代となっている。

また，急激な少子高齢化が進む中で成熟社会を迎えた我が国にあっては，一人一人が持続可能な社会の担い手として，その多様性を原動力とし，質的な豊かさを伴った個人と社会の成長につながる新たな価値を生み出していくことが期待される（下線は筆者）。

　つまり，グローバル化した現代社会においては，国民一人ひとりが「持続可能な社会の担い手」であることを意識し，地域，社会，国家のさらなる成長，発展に貢献することが求められている。したがって，先述した"Think globally, Act locally" の精神のもと，持続可能な社会の担い手として，自分なりに，もしくは学校，地域などローカルなレベルで何ができるか，批判的に思考しながら課題解決に取り組もうとする態度や能力を育む必要がある。

　そこで，これからの外国語教育では，まずは国民一人ひとりが外国の文化や事情を知り，その根底にある多様な価値観やものの考え方を受容的，共感的に理解できる心情を育成することが求められる。次に異文化に触れることで，自文化への理解をさらに深めたり，地球的課題への解決策について自分なりに考え，その考えを発信したり，行動に移したりする。そして究極には，これらの過程を通して，国際感覚や国際協調の精神を涵養し，共生意識を高め，「平和で民主的な多言語・多文化共生社会の構築」をめざすことが求められよう。そのため相互理解のための共通言語や国際的視野を持ったコミュニケーション能力が不可欠となる。

　実質的には英語が世界共通語（lingua franca）であることを考慮すると，今後，さらに英語でのコミュニケーション能力の育成が必要となるのは言うまでもない。実際，英語は世界で話されている言語の中で，母語あるいは第1言語，公用語あるいは第2言語，外国語として使用している人々を合わせると，使用人口が最も多い言語である。また，TV，ラジオ，インターネット等の通信手段をはじめ，政治，経済，科学技術やスポーツ分野，国際学会・国際雑誌，国際航空等においても主要言語となっている。

2　小学校英語教育の理念と目的

『小学校学習指導要領（平成29年告示）解説　外国語活動・外国語編』

における外国語科導入の趣旨の1つとして以下の文言が挙げられている。

　グローバル化が急速に進展する中で，外国語によるコミュニケーション能力は，これまでのように一部の業種や職種だけでなく，生涯にわたる様々な場面で必要とされることが想定され，その能力の向上が課題となっている。

　このことは，これまで日本においては，外国語は一握りのエリート層や特定の業種・職種の人々により使用される傾向があったが，これからは，一人ひとりの国民が日常生活，さまざまな社会的，職業的な場面，状況で外国語を使用する機会が増大することを示唆している。

　実際，日本においても，多言語化，多民族化，多文化化といった「内なる国際化」は進展している。表1は日本国内に在留する外国人数の推移を示したものである。

表1　在留外国人数の推移（法務省）

1987 年	1997 年	2007 年	2017 年
884,025 人	1,409,831 人	2,069,065 人	2,561,848 人

　在留外国人数は増加傾向にあるが，特に昨今はその傾向が著しいことがわかる。ちなみに，2019 年 6 月時点では，2,829,416 人と過去最多の数字を記録している。つまり，今後は国内においても，異言語や異文化を持つ人々の人権や文化を尊重し，多様性を認め合う多言語・多文化共生社会実現をめざすにあたり，世界共通語とも言える英語によるコミュニケーション能力の育成がさらに重要となろう。

　1で概観した外国語教育の理念と目的，及び上述の日本における「内なる国際化」という状況を鑑みると，グローバル時代におけるわが国の小学校英語教育の理念と目的は，以下の4点にまとめることができる。ただし，③と④については，今後，授業でより積極的に扱いたい事項である。

①　異言語・異文化を理解，受容し，国際感覚の素地を育成する

　言語の習得同様，異文化理解の深化・促進のためには，自分が属する文化の文化心理的枠組が形成されてしまうまでに，異文化に触れさせることが望ましいことが数々の研究で指摘されている。例えば，中学校入学以前の英語学習経験が高校生の情意面に及ぼす影響に関する樋口ら（2009）の調査研究では，小学校段階またはそれ以前の英語学習経験者は，中学校以

降の学習者と比較すると，自文化・異文化への関心・態度，コミュニケーションへの関心・意欲・態度，英語学習に対する関心・意欲・態度など，英語学習に対する肯定的態度が育まれていることが示唆されている。したがって，異言語や異文化に対して文化的アイデンティティが未分化な状態，言い換えれば，心が開かれている状態にある小学校期から外国語学習を通して異言語や異文化に触れさせることは，その後の学習においても，異言語や異文化に対する学習をさらに促し，国際感覚を育むことにつながると言える。

　つまり，この児童期にこそ，諸外国の子どもたちの日常生活（日課，お手伝い，週末の過ごし方，など），学校生活（時間割，給食，登下校の時間，など），衣食住，行事などに触れることで，異言語・異文化に対する興味・関心を高め，相対的，柔軟的，複眼的なものの見方，考え方に気付かせ，国際感覚の素地を醸成していくことが大切である。

　その際，自己と他者，自文化と他文化を比較することで共通点や相違点に気付かせ，自己や他者，自文化や他文化をありのままに認め，理解し，受け入れようとする受容的，共感的な態度を育成することが求められる。ただし，相違点については，その背景に地理的，歴史的，文化的な理由や必然性があること，共通点については，それらをもとに相互がつながっていることに気付かせるよう留意したい。その過程で，それぞれの言語や文化はすべて等価値であり，優劣は付けられないとする言語や文化の相対性に気付かせることで，児童に偏見のない「開かれた心」の形成が期待できる。このことは人権意識の土台となる部分でもある。

②　日本語や日本文化へのさらなる理解と日本文化発信のための基礎的なコミュニケーション能力や積極的な態度を育成する

　英語に触れさせることで，母語教育では気付くことがなかった日本語の特徴，両言語間の論理性，語順，表現，語彙，発音等の違いに気付き，日本語を客観的に見直し，日本語へのさらなる理解へとつなげることができる。また，異文化を知ることで，相互の文化を尊重する態度を育成するとともに，日本文化のよさや美しさ，豊かさなどにも気付かせることが可能となる。例えば，英語の論理性では，日本語はどちらかというと「理由・説明から結論」に至ることが多いが，英語では "I want to be an English teacher. I have two reasons. First, I like English. Second, I like children." のように「結論から理由・説明」に至ることが多いことや，英語の "brother" は，日本語では「兄」や「弟」の可能性があるが，英語にはその区別がなく，この相違は日本と英語圏との対人関係における価値観の相違を反映していること，つまり，どちらかと言うと集団の上下関係に価値を置く日本社会と，個人と個人の横並びの関係に価値を置く英語圏の文化の差異に気付かせることができる。

そして，子どもにとって身近な日常生活や学校生活などに加え，日本の文化（衣食住や行事，地域の特徴，など）を簡単な英語を用いて発信するための基礎的なコミュニケーション能力や積極的な態度を育成したい（日本の文化紹介発信の事例としては，樋口・泉・加賀田（2019）「第9章　国際理解と国際交流」，樋口（監修）（2003 及び 2010）を参照）。

③　ローカル及びグローバルな課題にも触れさせ，これらの課題解決に向けて思考する習慣を身に付けさせる

小学校の英語授業では，社会的な課題について扱われることは少ないが，今後，積極的に扱いたい事項である。教科書を創造的，発展的に使用しながら，英語の授業内容と他教科や総合的な学習の時間等で学習した内容を関連付け，批判的思考力や課題解決能力の育成を図っていくことも視野に入れたい。例えば，「お手伝い」が題材の単元では，「環境の 5Rs（reduce, reuse, recycle, refuse, repair）」の観点から環境保全について自分ができることを考えさせ（例えば，What can you do? - I can reduce garbage. I can recycle newspapers. I can refuse plastic bags. など），単元のまとめの活動として，近隣の外国人や留学生を招き，環境保全についてクラスの取り組みを発表したり，諸外国の取り組みについて聞き，環境問題に対してグローバルな視点でさらに考えを深めさせたりすることができる。

また，世界の子どもたちの生活（日課）が題材の単元では，世界には学校へ行きたくても行くことができない子どもたちが存在していることに気付かせる。例えば，教員がインドの小学生になりきり，"I like school, but I don't go to school. I get up early and go to the factory. I make soccer balls there. I come home late at night." のようなスピーチを通して，児童労働問題への意識づけを行い，「総合的な学習の時間」などで，自分が

できることについて考えさせるなど，さらに理解を深めさせることができる。これらの活動を行うにあたっては，動画や絵本などを活用しながら，視覚的にも理解を促すことを心がけたい。

④ 国際協調の精神の素地を涵養する

上記，①〜③で育成された態度や能力をもとに，国際理解を深め，将来，国際社会に向き合うための国際協調の精神の素地を涵養することも大切である。そのためには，広い視野から国際理解を深め，国際協調の精神を涵養するにふさわしい題材を選択する必要がある。例えば，スポーツは児童に人気のある題材であるが，好きなスポーツやしたいスポーツについてやり取りをした後に，それぞれのスポーツの発祥国について取り上げ（例えば，Soccer is from England. Ice hockey is from Canada. Judo is from Japan.など），世界の国々はスポーツを介してつながっていることに気付かせる。また，社会科で学習した世界の食材（野菜，魚，肉，他）や工業製品（車，電子機器，他）の輸出入などを取り上げ，日本と諸外国との相互依存関係について意識させることができる（例えば，教科書の円グラフを見ながら，日米関係について，Cars go to the USA from Japan. Corn and wheat come to Japan from the USA.など表現させる）。

また，ALT との交流に加え，地域に住む外国籍の人を教室に招き，当該国の文化や学校生活，児童の放課後や休日の過ごし方について話してもらったり，他教科と連携しながら当該国の料理や工芸品を作ったりすることで，より一層異文化理解が促進され，将来諸外国と良好な関係を築くための礎となりうる。さらに外国の小学校との作品交換，Eメール，TV会議システムなどを使った交流などが考えられる。このような取り組みを通して，子どもたちは外国の人々との友好的なつながりを体験し，将来，国際社会に向き合うための国際協調の精神の素地を養うことができる。

上記4点は，グローバル化された社会において，将来，地球市民としてたくましくかつしなやかに生きていく子どもたちの育成をめざす小学校英語教育に期待される理念と目的である。今後，これらの理念や目的を小学校英語教育で具現化し，さらに中学校，高等学校，大学での英語教育へと連携させていくことが重要である。

第2章 小学校英語の目標と学習到達目標

　本章では，小学校外国語活動と外国語科の全体の目標及び4技能5領域の学習到達目標について，『小学校学習指導要領解説』を中心に概観する。また，その目標を達成するために留意したい点についても考える。

1 「外国語活動」の目標と学習到達目標
① 外国語活動の目標
　中学年の「外国語活動」の目標は次の通りである。

　外国語によるコミュニケーションにおける見方・考え方を働かせ，外国語による聞くこと，話すことの言語活動を通して，コミュニケーションを図る素地となる資質・能力を次のとおり育成することを目指す。

(1) 外国語を通して，言語や文化について体験的に理解を深め，日本語と外国語との音声の違い等に気付くとともに，外国語の音声や基本的な表現に慣れ親しむようにする。

(2) 身近で簡単な事柄について，外国語で聞いたり話したりして自分の考えや気持ちなどを伝え合う力の素地を養う。

(3) 外国語を通して，言語やその背景にある文化に対する理解を深め，相手に配慮しながら，主体的に外国語を用いてコミュニケーションを図ろうとする態度を養う。

　高学年の「外国語」にも共通するが，最初に「外国語によるコミュニケーションにおける見方・考え方を働かせ」と記されている。この見方・考え方とは，「外国語で表現し伝え合うため，外国語やその背景にある文化を，社会や世界，他者との関わりに着目して捉え，コミュニケーションを行う目的・場面・状況に応じて，情報を整理しながら考えなどを形成し，再構築すること」と考えられている。児童が初めて出会う外国語には，その言葉を話す諸外国の人々の価値観，文化や社会的・歴史的背景が内包されている。また，コミュニケーションには相手や他者が存在し，目

的があり，コミュニケーションを行う場面や状況が欠かせない。例えば，相手に昼食に食べたいものを尋ねたり，誕生日カードのお礼を言ったり，遊びの誘いを断ったりといった日常生活の中に，コミュニケーションの場面は無数に存在する。話し手は，自分の気持ちや意図があり，それを相手や他者にていねいに伝え，聞き手は相手の気持ちや意図していることを理解しようと積極的に聞き，反応をする。コミュニケーションはまさに心と心のキャッチボールであり，他者があってこそ存在する。母語でも誤解が生じたり，うまくコミュニケーションが成立しなかったりする場合もあるが，外国語となるとなおさらであろう。どんな単語や表現を用いて，どのような順番でわかり易く伝えればよいかなど，情報を整理しながら考えをめぐらし，言葉のみならず，表情，身振り手振りといった非言語手段も用いつつ，なんとか相手に伝えたいという思いを持つことが大切である。

　また，外国語活動と外国語科の目標において，コミュニケーション能力の育成を，言語活動を通して行うこととあるが，言語活動とはどのようなものだろうか。学習指導要領が，「実際に英語を使用して互いの考えや気持ちを伝え合うなどの言語活動」としているように，単なる表現の繰り返しや練習ではないことに留意したい。さらに，育成すべき3つの資質・能力（「知識及び技能」「思考力，判断力，表現力等」「学びに向かう力，人間性等」）の観点から，目標が示されている。中学年では，場面や状況のある中で英語に触れさせ，何度も聞かせたり，絵本の読み聞かせを通して，絵やジェスチャーなどをヒントに推測させながら内容を理解させようとすることが大切である。また，歌やチャンツ，遊びやクイズ，ゲームなど楽しく外国語に接し，繰り返しリズムを付けて発話をしたりしながら，日本語と英語の音声の違いに気付かせたい。また場面の中で体験的に学び，慣れ親しませることを考えたい。次に，自分の考えや気持ちなどを聞いたり話したりすることで，伝え合う言語活動を行う。その際，相手に配慮したり，自らコミュニケーションを図ろうとする態度を養うことが大切である。

　② 「外国語活動」の学習到達目標
　学習到達目標は，5つの領域別（「聞くこと」「読むこと」「話すこと［やり取り］」「話すこと［発表］」「書くこと」）に示されているが，中学年の「外国語活動」は3領域となっており，学習到達目標は次の通りである。

(1) **聞くこと**

ア　ゆっくりはっきりと話された際に，自分のことや身の回りの物を表す簡単な語句を聞き取るようにする。

イ　ゆっくりはっきりと話された際に，身近で簡単な事柄に関する基本的な表現の意味が分かるようにする。

ウ　文字の読み方が発音されるのを聞いた際に，どの文字であるかが分かるようにする。

(2) **話すこと［やり取り］**

ア　基本的な表現を用いて挨拶，感謝，簡単な指示をしたり，それらに応じたりするようにする。

イ　自分のことや身の回りの物について，動作を交えながら，自分の考えや気持ちなどを，簡単な語句や基本的な表現を用いて伝え合うようにする。

ウ　サポートを受けて，自分や相手のこと及び身の回りの物に関する事柄について，簡単な語句や基本的な表現を用いて質問をしたり質問に答えたりするようにする。

(3) **話すこと［発表］**

ア　身の回りの物について，人前で実物などを見せながら，簡単な語句や基本的な表現を用いて話すようにする。

イ　自分のことについて，人前で実物などを見せながら，簡単な語句や基本的な表現を用いて話すようにする。

ウ　日常生活に関する身近で簡単な事柄について，人前で実物などを見せながら，自分の考えや気持ちなどを，簡単な語句や基本的な表現を用いて話すようにする。

　上記の目標を達成するための活動例も挙げられているが，ポイントは，中学年は自分や相手のこと，身近で簡単な事柄，例えば挨拶，感情，数，色，好きなもの，動物，遊び，時間，文房具，日課，場所，アルファベットなどについて，簡単な語句や表現を聞いて，その場面や状況の中でまず理解させることが大切であるということである。聞いて理解した内容をチャンツや歌，クイズやゲームなど体験的な学びを通して，外国語の音声に出会い慣れ親しみ，言語活動を通して，自分の考えや気持ちを言えるようになることである。

2 「外国語」の目標と学習到達目標

① 「外国語」の目標

高学年の「外国語」の目標は次の通りである。

　外国語によるコミュニケーションにおける見方・考え方を働かせ，外国語による聞くこと，読むこと，話すこと，書くことの言語活動を通して，コミュニケーションを図る基礎となる資質・能力を次のとおり育成することを目指す。

(1)　外国語の音声や文字，語彙，表現，文構造，言語の働きなどについて，日本語と外国語との違いに気付き，これらの知識を理解するとともに，読むこと，書くことに慣れ親しみ，聞くこと，読むこと，話すこと，書くことによる実際のコミュニケーションにおいて活用できる基礎的な技能を身に付けるようにする。

(2)　コミュニケーションを行う目的や場面，状況などに応じて，身近で簡単な事柄について，聞いたり話したりするとともに，音声で十分に慣れ親しんだ外国語の語彙や基本的な表現を推測しながら読んだり，語順を意識しながら書いたりして，自分の考えや気持ちなどを伝え合うことができる基礎的な力を養う。

(3)　外国語の背景にある文化に対する理解を深め，他者に配慮しながら，主体的に外国語を用いてコミュニケーションを図ろうとする態度を養う。

---

② 「外国語」の学習到達目標

高学年の「外国語」の5つの領域別学習到達目標は，次の通りである。

(1)　聞くこと

　　ア　ゆっくりはっきりと話されれば，自分のことや身近で簡単な事柄について，簡単な語句や基本的な表現を聞き取ることができるようにする。

　　イ　ゆっくりはっきりと話されれば，日常生活に関する身近で簡単な事柄について，具体的な情報を聞き取ることができるようにする。

　　ウ　ゆっくりはっきりと話されれば，日常生活に関する身近で簡単な事柄について，短い話の概要を捉えることができるようにする。

(2)　読むこと

　　ア　活字体で書かれた文字を識別し，その読み方を発音することができるようにする。

イ　音声で十分に慣れ親しんだ簡単な語句や基本的な表現の意味が分かる
　　　ようにする。
⑶　話すこと［やり取り］
　　ア　基本的な表現を用いて指示，依頼をしたり，それらに応じたりするこ
　　　とができるようにする。
　　イ　日常生活に関する身近で簡単な事柄について，自分の考えや気持ちな
　　　どを，簡単な語句や基本的な表現を用いて伝え合うことができるように
　　　する。
　　ウ　自分や相手のこと及び身の回りの物に関する事柄について，簡単な語
　　　句や基本的な表現を用いてその場で質問をしたり質問に答えたりして，
　　　伝え合うことができるようにする。
⑷　話すこと［発表］
　　ア　日常生活に関する身近で簡単な事柄について，簡単な語句や基本的な
　　　表現を用いて話すことができるようにする。
　　イ　自分のことについて，伝えようとする内容を整理した上で，簡単な語
　　　句や基本的な表現を用いて話すことができるようにする。
　　ウ　身近で簡単な事柄について，伝えようとする内容を整理した上で，自
　　　分の考えや気持ちなどを，簡単な語句や基本的な表現を用いて話すこと
　　　ができるようにする。
⑸　書くこと
　　ア　大文字，小文字を活字体で書くことができるようにする。また，語順
　　　を意識しながら音声で十分に慣れ親しんだ簡単な語句や基本的な表現を
　　　書き写すことができるようにする。
　　イ　自分のことや身近で簡単な事柄について，例文を参考に，音声で十分
　　　に慣れ親しんだ簡単な語句や基本的な表現を用いて書くことができるよ
　　　うにする。
　高学年は，聞いたり話したりすることに加え，音声で慣れ親しんだ簡単
な語句や表現を読んだり書いたりすることが入ってくる。また，思考力，
判断力，表現力等に関しては，言語の使用場面（児童の身近な暮らし，特有
の表現が用いられる場面，など）と言語の働き（コミュニケーションを円滑に
する，気持ち，事実情報，考えや意図を伝える，相手の行動を促す，など）を
意識して，実際にコミュニケーションの場面や目的を設定して指導する必
要がある。題材は，自己紹介や他者紹介，学校生活，出来ること，行きた

い国や場所，日本文化や自分たちの町，将来の職業や夢，夏休みや小学校生活の思い出などが取り扱われる。また，音声（発音，強勢，イントネーション，など），文字及び符号，語（600 ～ 700 語）・連語，慣用表現，文及び文構造（平叙文，命令文，疑問文のうち，be 動詞で始まるものや助動詞 [can，do，など] で始まるもの，疑問詞 [who，what，when，where，why，how] で始まるもの，代名詞 [I，you，he，she，we，you，など]，動名詞や過去形のうち，活用頻度の高い基本的なもの，など）が扱われている。

3 「外国語活動」と「外国語」における読むこと，書くことの目標と活動

「外国語活動」では，文字は，児童の学習負担に配慮しつつ音声によるコミュニケーションを補助するものとして取り扱うとされている。教科として「外国語」の習熟・習得・活用を図るためには，読むこと・書くことの指導が欠かせない。目標としては，アルファベットを読める・書ける，音声で慣れ親しんだ基本的な語句や表現が読める・書ける，掲示やパンフレット，絵本などから情報を得たり，目的に応じて，自分のことについて例から選んで書くことができることが挙げられている。その際，アルファベットから，音と文字の関係，オンセット（頭子音）・ライム（母音＋尾子音）などの音韻認識能力を高めることが重要である。

学習指導要領には，次のような活動が示されている。**読むこと**では，大文字，小文字を識別したり，その読み方を適切に発音する活動や，音声で十分に慣れ親しんだ簡単な語句や基本的な表現を，絵本などの中から識別したり推測しながら読む活動が挙げられている。**書くこと**では，文字の読み方が発音されるのを聞いて，大文字，小文字を書いたり，相手に伝えるなどの目的を持って，音声で十分に慣れ親しんだ簡単な語句を書き写したり，語と語の区切りに注意して，身近で簡単な事柄について基本的な表現を書き写したり，例の中から言葉を選んで書く活動が挙げられている。

学習指導要領の内容は，あくまで最低基準である。中学年・高学年の発達段階や，教育課程における位置付け（領域か教科か），学習開始年齢や時間数，指導者や教材などによっても学習到達目標は異なってくる。目の前の児童，学校や地域の指導体制，カリキュラム・マネジメントなども考慮しつつ，適切な指導目標と学習到達目標を設定することが大切である。

第3章 「主体的・対話的で深い学び」を促す授業の進め方と学習形態

　本章では，学習指導要領にも記されている「主体的・対話的で深い学び」とはどのようなものかを述べ，その授業の具体的な進め方を考える。また，そのような学びを促すための望ましい学習形態について考察する。

1 「主体的・対話的で深い学び」とは

① 小学校学習指導要領に見る「主体的・対話的で深い学び」

　『小学校学習指導要領（平成29年告示）』によると，「指導計画の作成上の配慮事項」として，単元など内容や時間のまとまりを見通して，その中で育む資質・能力の育成に向けて，児童の主体的・対話的で深い学びの実現を図るようにすることと明記されている。その際，具体的な課題等を設定し，児童が外国語によるコミュニケーションにおける見方・考え方を働かせながら，コミュニケーションの目的や場面，状況などを意識して活動を行い，英語の音声や語彙，表現などの知識を，5つの領域における実際のコミュニケーションにおいて活用する学習の充実を図ることとある。また，主体的・対話的で深い学びの実現（「アクティブ・ラーニング」の視点からの授業改善）について，次のように示されている。

　【主体的な学び】学ぶことに興味や関心を持ち，自己のキャリア形成の方向性と関連付けながら，見通しを持って粘り強く取組み，自らの学習活動を振り返って次につなげる「主体的な学び」が実現できているか。

　【対話的な学び】児童同士の協働，教員や地域の人との対話，先哲の考え方を手掛かりに考えること等を通じ，自らの考えを広げ深める「対話的な学び」が実現できているか。

　【深い学び】習得・活用・探究の見通しの中で，教科等の特質に応じて育まれる見方・考え方を働かせて思考・判断・表現し，学習内容の深い理解や資質・能力の育成，学習への動機付け等につなげる「深い学び」が実現できているか。

前頁の説明から明らかなように，「主体的な学び」を行うためには，学習者は自らの学習に対する目標や課題を持ち，それらの達成に向けて努力し，その成果を振り返るといった自己調整学習ができる自律した学習者であり，自分を客観的に見つめるメタ認知が育っていなければならない。そのためには，英語の授業でも受け身ではなく，協働学習などを活用し，一人ひとりに役割・責任を持たせることが大切である。また学習に対する動機づけも欠かせない。「対話的な学び」については，単にやり取りを行うのみならず，他者，教材，自己との対話を深め，自分や他者のことをより理解したり，自己肯定感や他者尊重にもつながるような学習を通して，その存在を豊かにすることが大切である。また，対話を通して他者の意見を取り入れ，自らの考えを修正したり，つなげたり，発展させることも大切である。ほかでもない自分が学びの主体（agency）であり，コミュニケーションにおける相手や他者を意識する宛名性が重要である。「深い学び」については，教育内容や課題・問いについて深く考え，自らの思考や生活につなげることや，新たな発見や価値が生まれるような教育的価値が必要である。

② アクティブ・ラーニングと深い学び

　英語の場合，意味あるやり取りや言語活動の中で新たな意味が生成され，そこに児童がより深く考えるような認知過程が必要である。その際重要なのは，単に学習形態に重点を置くのではなく，学習の質や内容を問う深いアクティブ・ラーニングだと言われている。松下ら（2015）は，アクティブ・ラーニングとは，「一方的な知識伝達型講義を聴くという受動的学習を乗り越える意味での，あらゆる能動的な学習のことで，能動的な学習には，書く・話す・発表するなどの活動への関与と，そこで生じる認知プロセスの外化を伴う」と述べている。認知プロセスには，まず学習者を動機づけ，学習に対して方向づけ，自分でじっくり考えて取り組み（内化），その後，言葉にしたり使ってみて（外化），それがどうであったか振り返り（批評），うまくいくように考え取り組む（統制）ことが必要である。

　さらに，学習活動には浅いアプローチ（記憶する，理解する，言い換える，記述する）と深いアプローチ（関連付ける，論じる，説明する，適用す

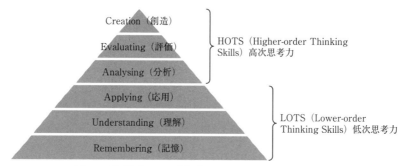

図1　改訂版ブルーム分類学

る，仮説を立てる，適用する，振り返る）があるとされ，改訂版ブルーム分類学では図1のように示されている。この枠組みで考えれば，英語学習での深い学びとは，児童が音声で慣れ親しんだ語句や表現を単に丸暗記して使うのではなく，例えば，野菜（vegetable）を，根（root: carrot, sweet potato），茎（stem: lotus, asparagus），葉（leaf: cabbage, lettuce），花（flower: cauliflower, broccoli），実（fruit: tomato, pumpkin），種（seed: peanut, chestnut）などに分けるなど，何かを分類したり，東京タワーとエッフェル塔，自由の女神の高さを比較したり，友達の発表や絵本の読み聞かせなどを聞いて内容について考えて評価したり，お話の続きを自分で想像して演じてみたりといったことも深い学びにつながるだろう。

　つまり，深い学びとは，パターンや規則に気付いたり，それらを探したり，既有の知識や経験と関連付けたり，議論に参加したりといった自ら積極的に物事に関心を持ち，行動し，考えを深め，学びながら成長していることを自覚することである。逆に浅い学びとは，目的や学習方法を持たずに勉強したり，学習に価値や意味を見いださなかったり，単語や表現をその意味や使い方などを深く理解せずに丸暗記するような学習法と言える。

2 「主体的・対話的で深い学び」を促す授業の進め方
① 深い学びと協働／協同学習

　文部科学省（2016）の「次期学習指導要領に向けた審議のまとめ」には，「外国語教育における学習過程では，児童生徒が，①設定されたコミュニケーションの目的・場面・状況等を理解する，②目的に応じて情報や意見

などを発信するまでの方向性を決定し，コミュニケーションの見通しを立てる，③対話的な学びとなる目的達成のため，具体的なコミュニケーションを行う，④言語面・内容面で自ら学習のまとめと振り返りを行うというプロセスを経ることで，学んだことの意味づけを行ったり，既得の知識や経験と，新たに得られた知識を言語活動へつなげ，思考力，判断力，表現力等を高めていくことが大切になる」と記されている。「主体的・対話的で深い学び」を授業で進めるためには計画，実行，振り返りの中で，いかに児童生徒に思考・判断を促すことができるかが肝要と言える。

　また，深い学びを行う際には，協働／協同学習（collaborative learning/cooperative learning）を行うことが効果的である。グループで目標が共有され，個人の成果も他者の行為の影響を受けるとする社会的相互依存論に基づく協働学習（Johnson & Johnson, 1989 他）は，能動的な学習や体験型学習の導入であり，授業における学習者の活動性を高めるのに有効であることが証明されている。また，グループ活動と異なり，仲間とともに伸びようとする協働の精神や授業作りの視点が存在する。協働学習の基本的な構成要素としては，①肯定的相互依存，②積極的相互交流，③個人の2つの責任（自分の学びと仲間の学び），④社会的スキルの促進，⑤活動の振り返り（Johnson, et al., 2013）がある。なお，参加の平等性や活動の同時性が備わるグループ活動を協同学習（Kagan, 1994）と呼ぶこともある。

　また，教員が一方向的に教えるような形式の教育とは異なり，児童が学習に能動的に取り組み，知識や経験を含めた汎用的能力の育成を図る。授業では，発見学習，問題解決学習，体験学習，調査学習等が含まれるが，教室内での集団での話し合い，グループ・ワーク等も効果的な方法である。特に，何かに取り組ませ，その行っていることについて深く考えさせることが重要である。指導者中心の授業からのマインドセットを行い，児童生徒に選択権や発言権を委ね，学びの共同体をつくることが大切である。

②　授業の進め方：単元計画から評価まで

　「主体的・対話的で深い学び」を実現するためには，単元など内容や時間のまとまりを見通して，学年ごとの目標を適切に定め，3年生から6年生の4年間を通じて外国語学習の目標の実現を図ることが求められる。題

材は，児童の興味・関心に合ったものや，国語科や音楽科，図画工作科など，他の教科等で児童が学習したことを活用したり，学校行事で扱う内容と関連付けたりすることや，外国語や外国文化のみならず，国語や日本文化についても併せて理解を深めるようにすることが求められる。ICTやデジタル教材など多様な教材・教具を活用し児童生徒の思考を促したい。指導にあたっては，学級担任と外国語担当教員が指導計画を作成し，授業を実施する際は，ネイティブ・スピーカーや英語が堪能な地域人材などの協力を得る等，指導体制を充実させることで個に応じた指導や支援を行うことができるようにしたい。

　また，深い学びには，Can-Do による自己評価やパフォーマンス課題とパフォーマンス評価が欠かせない（第1部第7章参照）。児童生徒がゴールとそれにつながる問い（inquiry, question）を持ち続けることが，自らの学習を方向づけ，省察を行い，経験や探求を通して学びを深め，成長することや動機づけにつながる。

　③　授業の流れ
　1時間の授業を大きく「ウォーム・アップ」「活動」「振り返り」の3つに分けるなど流れをパターン化すると取り組みやすい。まず，英語の時間の雰囲気作りも兼ねた導入として，前時までに親しんだ表現や本時の使用表現を扱う歌やチャンツを用いるとよい。また，既習事項を使用する帯活動として，「好きな色（食べ物，動物など）」「できること」「欲しいもの」などのカードをペアで引きながら，簡単な質問をしたり答えたり，やり取りを伴うQ&Aゲームなど，楽しい活動を通して言語表現の習得と動機づけを高めたい。更に，目的や場面を与えた単元のゴールの活動への橋渡し活動となる言語活動を行った後に，単元のゴールの活動として設定したタスクや活動に取り組ませ，振り返らせる（第1部第5章参照）。

　その中で，「主体的・対話的で深い学び」を行わせる工夫としては，指導者の問いかけが大切である。授業の開始時の本時のめあての提示，活動前の説明，リスニング活動での発問，自己表現やコミュニケーション活動での中間評価，国際理解や発展活動における課題設定など，あらゆる場面で声掛けや活動支援の工夫が求められる。発問に関しては，絵本の読み聞かせやリスニング活動でも単に事実を聞き取らせたり，答えさせるのでは

なく，次はどうなるのだろう（What comes next?），自分ならどうか（How about you?），あなたはどう思うか（What do you think about it?），なぜそう思うのか（Why do you think so?）といった推論発問や自分に関連した発問，評価発問などを行うことが望ましい。そして常に隣の席の児童と考えさせたり，チェックさせたりすることで，学習を深めることができる。

④ 題材やテーマの設定

次に，なぜだろう，もっと知ってみたい，わからないけど調べてみたい，英語っておもしろいな，といった児童の知的好奇心を刺激するような題材やテーマが求められる。例えば，郵便ポストでも国によって色や形状が異なっていることを知ったり，時間を扱う単元で世界の時差を考えたり，食べ物やスポーツなどで和製英語と本物の英語の違いに気付いたり，誕生日の祝い方や年間行事が国によって異なる理由を考えたりといったように，単に知識を増やすだけでなく，その背後にある文化や価値観，日本との相違点や類似点を知ることも外国語によるコミュニケーションにおける見方・考え方につながる。小学校英語でよく取り上げられる題材として，「学校の時間割」や「将来つきたい職業」がある。科目と曜日の英語での言い方を学習したのち，理想の時間割を考えて発表させる活動を設計するとする。その際，単に自分の好きな科目を並べさせるのではなく，将来つきたい職業と関連させて，その職業になるためにはどのような勉強が必要なのかを考えさせると，自身のキャリアに関する深い学びにつながる。また，諸外国の学校の様子や時間割を示すことで，日本語，宗教，ドラマなどの科目があったり，国によっては学校が午前と午後に分かれていたり，多くの児童が学校に行っていなかったり，黒板や教科書・ノートが不足しているなど，世界の現状に目を向けることもできる。そこからその背景について考え，自分で調べたり，クラスで議論したり，何かできることはないかを話し合い，行動に移したりすることもできる。小学生という心が柔軟で寛容な時期に，心を揺り動かされるような学びや経験は，言語や文化，歴史，価値観が異なる人々と，互いに尊重し合い，共存し合う社会をめざそうと，その後の学習や生き方にも影響を及ぼすだろう。また，広い視野で考えれば，現代社会で注目されている21世紀型スキル，Society 5.0，Education 2030，持続可能な開発目標（Sustainable Development Goals:

SDGs）など，課題や困難を克服できる力を付けることにつながるだろう。「主体的・対話的で深い学び」は，まさに学びに向かう力や人間性・人格を形成し，未来にたくましく生きる次世代の若者を社会に送り出すことになるのである。

3 「主体的・対話的で深い学び」を促す学習形態

　アメリカの National Training Laboratories によると，授業の内容を覚えているかに関する半年後の調査では，定着率の高い学習方法は「他の人に教える」「自ら体験する」「グループ討論」の順で，定着率の最も低い学習方法は，「黙って講義を聴く」という結果であった。主体的・能動的学習ほど，教育効果が高いと言える（図2参照）。

図2　ラーニングピラミッド

　英語の授業において，目的や場面，活動に応じて個人学習，ペア学習，グループ学習，一斉学習（クラス全体）などの形態がとられる。学習者によっても好む形態と好まない形態がある。ペア学習を苦手としたり，グループになると参加せず遊んでしまったりする児童もいるだろう。また，グループになれば騒がしく統制が取れない，日本語ばかりが先行するといった悩みも聞く。しかしながら，「主体的・対話的で深い学び」を促す授業では，ペアやグループ学習といった形態は不可欠である。例えば，Small Talk では英語を使ってやり取りをする相手が存在するため，また，プロジェクト学習では，他者と意見を交流したり課題に取り組むため，相手意識や他者への配慮などコミュニケーションへの積極的な態度を促し，育成することができる。表1に，授業場面や活動でどのような学習形態が

表1　授業場面や活動での学習形態（例）

授業場面や活動	主な学習形態	留意事項
やり取り（Small Talk）	ペア	ペアを替えて何回か行う
チャンツ・歌	個人，ペア，全体	クラスを二分するなど
リスニング	個人	聞くポイントを示す
口頭練習	個人，ペア，全体	何度も慣れ親しませる
橋渡し活動	個人，ペア，グループ，全体	ゴールの活動を意識させる
クイズ・ゲーム	ペア，グループ，全体	活動により形態は異なる
ロールプレイ（注文・買い物・道案内等）	ペア，グループ	タスクにより形態は異なる
インタビュー	ペア	最後に発表もさせる
発表	個人，グループ，全体	個人⇒グループ⇒全体等，スモールステップで
リーディング	個人，ペア，全体	全体⇒ペア⇒個人へ
ライティング	個人	例えば友達に誕生日カードを書いて贈るなど目的を持たせる
絵本・ストーリー	個人，（ペア），全体	全体⇒（ペア）⇒個人
プロジェクト	ペア，グループ	内容により形態は異なる
劇	グループ	協働学習で取り組ませたい
振り返り	個人，全体	内省を深める

考えられるか，主なものを示す。

　「主体的・対話的で深い学び」を行う際は，全体で活動を行い，教員が指導をしたり支援をしたりしながら，楽しく学習に取り組ませる場面，ペアで意見を交流したり，助け合いながらともに課題に取り組むことで思考を深めさせる場面，一人でじっくり思考を働かせたり，振り返りを行うなど個人で取り組ませる場面などが考えられる。当該時間の目標や流れにより学習形態は異なるが，1時間の授業の中でも，できるだけさまざまな形態を取り入れ，児童が集中して学習に取り組めるように，また，学習の質と量を高めることができるように工夫したいものである。

第4章 深い学びを促す単元構成，授業構成と短時間授業

　深い学びを促す単元構成，授業構成及び短時間授業について考えるにあたり，最初に，これらに深く関わる ①慣れ親しみと技能の習得，②外国語の学習過程について概観しておきたい。

①　慣れ親しみと技能の習得

　『小学校外国語活動・外国語　研修ガイドブック』（文部科学省，2017b，以下，『研修ガイドブック』）は，「外国語活動で十分慣れ親しんでから，外国語科で基礎的な技能を身に付けることが求められている。『慣れ親しみ』は，単元に設定されているさまざまな活動の中でその単元で使用されるように設定されている語彙や表現を聞いたり話したりしている児童の行動として捉えることができる。一方，その語彙や表現を異なる場面でも使用できる状態を，技能を身に付けている姿，すなわち習得している状態と考えることができる。」とし，外国語活動と外国語科の関係を説明している。

②　外国語の学習過程

　外国語の学習は，まず，学習者が興味・関心を持つ話題について新出の表現や語彙が含まれる内容にまとまりのある話や会話を聞いたり，（読んだりして），新出の学習事項の言語形式や意味，言葉の働きに「気付く」ことが第一歩である。次に，新出の学習事項について，指導者の発話をまねて「口慣らし」をしたり，繰り返し練習や使い方の練習を行ったりして「慣れ親しむ」。そしてある程度慣れ親しんだ段階で自分のことや身の回りの事柄，自分の考えや気持ちなどについて「やり取り」や「発表」などの言語活動，読んだり書いたりする言語活動によって新しい学習事項の定着が促される。

1　バックワード・デザインによる単元構成

　単元構成は，単元の題材を踏まえ，まず単元の到達目標となる単元のゴールの言語活動（コミュニケーション，自己表現活動）を設定し，ゴールの言語活動に必要な表現や語彙を決める。次に，このゴールの言語活動か

ら逆算して（バックワード・デザイン），各時間の目標やゴールの言語活動
や言語活動に必要な言語材料を検討し，学習者が段階的に発展する活動に
取り組めるように活動を配列し，単元を構成する。
　以下，このような視点に基づき，単元指導計画について考える。
①題材：児童が（外国語で）聞いてみたくなったり，話してみたくなった
　　り，友達と伝え合ってみたくなったりするような題材を，次のような分
　　野から設定する。
　　⑴児童が日常生活や学校生活で毎日経験している事柄
　　⑵知的好奇心を刺激する他教科の内容
　　⑶学校や地域行事，日本の伝統的な行事や文化
　　⑷上記⑴⑵⑶に関わる多様な国々の小学生や多様な国々の事柄
②単元の目標：学習指導要領の外国語活動や外国語科の「目標」及び「領
　　域別目標」に基づき，各学校で児童の実態等に応じて設定した「学年別
　　目標」及び「領域別の『学年ごとの目標』」を踏まえ，「単元ごとの目
　　標」を作成する。その際，各単元で取り扱う事柄や話題，言語材料，当
　　該単元の主たる言語活動におけるコミュニケーションを行う目的や場
　　面，状況，話題などに配慮して作成する。
③言語材料：当該単元で新しく学習する表現，語彙，及当該単元でよく
　　使用する既習の表現，語彙。
④単元の評価規準：②の単元ごとの目標を踏まえ，領域（外国語活動は3
　　領域，外国語科は5領域）ごとに3観点（「知識・技能」，「思考・判断・表
　　現」，「主体的に学習に取り組む態度」）について作成する。ただし，評価
　　規準を作成する領域は，当該単元の主たる言語活動に関係する領域のみ
　　でよい（第1部第7章参照）。
⑤準備物：単元の各授業で使用する教材，教具，機器及び各授業で配布す
　　るワークシート，振り返りシートなど。
⑥単元計画：文部科学省外国語活動教材，民間7社の検定済外国語教科書
　　の単元数や各単元で取り扱う教材や言語活動，言語材料などを参考に，
　　単元の配当時間を決める。次に，単元のゴールの言語活動からバック
　　ワード・デザインにより各時間の目標，主な言語活動と言語活動に必要
　　な言語材料を決める。また，各時間の主な活動について児童ができたこ

とや頑張ったことなどを取り上げ，児童を励まし，学習意欲をさらに高めさせるために，かつ指導者が指導内容や指導方法の改善のための資料を得る形成的評価を行うための評価規準と評価方法を示しておく。

⑦単元を通じて取り組ませる活動：高学年では，これらの活動に単元で4回程度実施する Small Talk，Small Talk を行わない時間に3回程度実施する「文字と音の関係」，ほぼ毎時間実施する「読むこと，書くこと」がある。これらの活動のねらいをよく理解したうえで単元計画に位置付けておく。

(1) Small Talk：『研修ガイドブック』は，Small Talk を行う意図として次の2点を挙げている。

・現在学習している単元及び当該単元より前の単元で学習した言語材料を繰り返し使用できる機会を保障し，言語材料の一層の定着をめざす。

・対話を続けるための基本的な表現（再度の発話を求める，ひと言感想，さらに質問，など）の定着を図る。

なお，本書第2部の高学年の授業実践では，Small Talk はウォームアップや復習だけでなく，新出言語材料の導入やコミュニケーション活動への橋渡し活動でも活用している。

(2) 文字と音の関係：単語の語頭音（初頭音）に意識を向けさせ，文字と音の関係に気付かせ，その読み方を適切に発音できるようにする活動であり，Alphabet Jingle や Animals Jingle, Foods Jingle なども活用して指導したい。

(3) 読むこと，書くこと：音声で十分慣れ親しんだ語句や表現の意味を理解して読んだり，書き写したりできるようになることや，自分のことや身近な事柄について，例文を参考に，音声で十分に慣れ親しんだ簡単な語句や基本的な表現を用いて書くことができるようになることを目標とする。各授業ではその時間に学習した1，2文の英文を読んだり，書き写したりする活動を積み重ね，単元の終盤の授業では，5～10文からなる内容的にまとまりのある文章を読んだり，書いたりする。その際，目的意識を持って読んだり，読み手を意識して書いたりさせるようにする。

⑧カリキュラム・マネジメント：高学年の外国語科は，45分授業を週2回，時間割に組み込むのは必ずしも容易ではない。『研修ガイドブック』は年間35時間増となる時数を確保するために，次の3案を提案し，地域や学校の実情に応じて幅のある弾力的な授業時間の設定や時間割を編成することが重要である，としている。

(1) 15分間の短時間学習を1週間に3回程度実施する。
(2) 60分間の長時間学習にして，その中の15分間を短時間学習として位置付ける。
(3) 長期休業期間に言語活動を行う。

　いずれの場合も，年間計画や単元計画などの全体計画に位置付け，それぞれの案のメリットを生かす取り組みが求められることになる。

2　豊かな言語使用を促す授業構成

1. 『研修ガイドブック』授業構成案

　『研修ガイドブック』は45分授業の構成について，表1のような案を示している。

表1　1時間の授業構成

Warming up （始めの挨拶）	英語の時間の雰囲気作り，動機付け
	・前時までに親しんだ表現（歌，チャンツ等） ・既習表現を使用する帯活動 ・［めあての確認］
Activity （本時の活動）	めあてを達成させるための活動
	・新しい言語材料のインプット ・コミュニケーション活動，自己表現活動 ・絵本の読み聞かせ
Looking back （本時の振り返り）	学習の喜びや充実感の醸成
	・振り返りカードの活用による自己評価・相互評価 ・終わりの挨拶（活動への賞賛）

　また『研修ガイドブック』は「高学年では Warming up で帯活動を取り入れてもよい。既習表現を使った簡単な質問を聞き，それに答えたり，ペアでやり取りしたりする形式にする。英語学習への雰囲気作りとともに

英語を話すことへの抵抗を減らし，その場で尋ねたり答えたりすることに慣れさせることをねらう。」としている。

２．本書の授業構成案

1.の『研修ガイドブック』の授業構成案を踏まえ，かつ外国語の学習過程を加味した本書の基本的な授業構成案を以下に示す。

①始めの挨拶，ウォーミングアップ：歌，チャンツ，体を動かすゲームなどで英語学習の雰囲気作り後，本時のめあての確認をする。

②復習：前時や前時以前の学習事項で本時の学習内容と関係の深い表現や語彙の理解や慣れ親しみの度合いを確認し，不十分な点を補強し，本時の学習にスムーズに取り組めるようにする。

③新しい表現や語彙の導入：指導者は絵や写真などの視覚教材を見せながら，児童の興味・関心を引き付けるまとまりのある話を児童と簡単なやり取りをしながら表情豊かに語りかけ，新しい表現や語彙を導入し，これらの音声的特徴，形（言語形式）や意味，使い方（言葉の働き）に気付かせ，理解させる。また指導者が発音する新出の表現や語彙を聞かせ，口慣らしをさせる。

④展開：次の２段階の活動を行う。

1) 慣れ親しませる活動：新しく導入した表現や語彙について理解を深めさせ，慣れ親しませる。まず「聞く」活動をしっかり行い，「話す」活動に進む。歌やチャンツ，クイズ，ゲーム，絵カードの絵の内容について話したり，質問したり，答えたりする。児童が夢中になって取り組め，多量の練習ができる活動がよい。

2) コミュニケーション・自己表現活動への橋渡し活動：児童が⑤発展「コミュニケーション・自己表現活動」に自信を持って安心して取り組めるように，②，③，④1）で学習を重ねてきた表現や語彙の使い方を練習する活動である。例えば，第２部第２章３節のゴールの言語活動が，指示された枠組みに沿って自分の「夢のロボット」のできることやできないこと，性格などを書き，発表する活動の場合，橋渡し活動として，外国の小学生のできることやできないことについて聞き取った情報をワークシートに記入し，その情報に基づき，彼／彼女のできることやできないことを発表

したりする。また話題ややり取りの内容を工夫すれば Small Talk なども橋渡し活動として効果的である。

⑤発展：コミュニケーション・自己表現活動

　当該時間／単元で学習した表現や語彙を中心に既習の表現や語彙も使って，当該時間／単元の話題について自分自身や自分の身の回りのこと，自分の考えや気持ちなどについてペアでやり取りをしたり，グループやクラスの友達に発表したりする当該時間／単元のゴールの活動である。このような活動として，interview, show and tell, speech, skit, role play, クイズ作りと発表などがある。

⑥読むこと，書くこと（高学年）：単元の終盤の時間に，単元の話題に関する内容的にまとまりのある文章を目的意識を持って読んだり，読み手を意識して自分に関する事柄についてまとまりのある文章を書き写したりできるように，各時間に聞いたり話したりして十分音声で慣れ親しんだ表現や語彙からなる1文か2文を，語順や書き方のルールに注意しながら書き写したりする。その際，自分のことや，自分の考え，気持ちを伝えるために，下線を付した語（例：I enjoyed swimming. It was exciting.）については，教科書の絵カードなどから自分が必要とする語を選んで書き写す。

⑦振り返りと終わりの挨拶：本時のめあてや学習内容を再確認し，本時のポイントをごく簡単に整理する。その後，数人の児童を指名し，授業を振り返って感想や意見を求め，児童からのよい気付きについてはクラス全体で共有し，次時以降の学習につなげる。最後に終わりの挨拶をする。以上のように，振り返りは口頭のやり取りでもよいが，単元の最後の授業では，振り返りシートを配布し，自己評価を行わせるようにしたい（第1部第7章参照）。

3　短時間授業の活用法

　高学年で45分の英語授業を週2回時間割に組み込めない場合，比較的多くの小学校で，週1回の45分授業と週3回の15分授業（短時間授業）という形で実施されているが，学習成果を高めるためには，以下に示す短時間授業のメリットを生かし，45分授業と短時間学習の関連を明確にし

ておくことが大切である。

1．短時間授業のメリット

・短時間授業が週3回の場合，児童が授業で英語に触れる回数は，週に2回から4回に増える。

・短時間の授業なので，児童は学習や活動に集中できる。

2．45分授業と短時間授業の関連

8時間構成の単元で，1，3，5，7時は45分授業，2，4，6，8時は各3回の短時間授業の場合，短時間授業では以下のような活動が考えられる。

・第2時（1，2，3回）：第1時で学習した表現，語彙に慣れ親しむ活動
・第4時（1，2，3回）：第3時で学習した表現，語彙に慣れ親しむ活動
・第6時（1，2，3回）：第7時の単元のゴールのコミュニケーション・自己表現活動の準備ややり取り，発表の練習
・第8時（1，2，3回）：第7時の続き（第7時に発表できなかった児童や優れたやり取りをしていたペアの発表，ゴールの活動に対する感想及び単元全体の振り返り

これら以外に，当該単元の話題に関するALTの国や外国の小学生の話を聞かせたり，当該単元の話題に関する指導者と児童，児童同士のSmall Talkや読み・書きの活動なども考えられる。

3．短時間授業における指導上の留意点

①短時間授業の指導計画は，単元構成と同様に，表現，語彙の学習→やり取り・発表の準備，練習→ゴールの言語活動に関する活動へと発展させる。

②挨拶，ウォームアップで2，3分程度かかるので，短時間授業で行う活動は欲ばらず，ねらいを明確にして1つか2つに絞ることが大切である。また振り返りもできるだけ簡潔に，要領よく行うようにする。

第5章 教科横断型教材開発の視点と進め方

　本章では，教科横断型教材開発の視点とその進め方について考える。まず教科横断型教材開発の意義とそれを実現するための理論，次に具体的な進め方について考える。

1　教科横断型教材開発の視点

　2017年に告示された学習指導要領では，主体的・対話的で深い学びと教科横断的なカリキュラムマネジメントを要として，児童の「生きる力」を育むという目標が示された。これは，これまでの教科別の知識学習から，教科横断的に知識をつなぎ活用できる力を育て，「学習効果の最大化」を図ることを目的としたことによる（文部科学省，2019）。事実，外国語教育でも，学習指導要領の小中高の全校種を貫く指導内容の工夫として，他教科との連携が示されている。実際に，2020年度から使用されるすべての小学校外国語科の検定済教科書に，他教科内容が取り入れられている。その中でも，特に教科横断的学習の基盤として，CLIL（Content and Language Integrated Learning/ 内容言語統合型学習）の考えを取り入れているものがある。本章では，そのCLILの理論を，教科横断型教材開発の視点として，以下に説明する。

　CLILとはContent and Language Integrated Learning（内容言語統合型学習）の略称で，EU統合を機に，効果的な外国語教育が必須となったヨーロッパで開発され，現在では世界で広く研究実践されている。「外国語学習（Communication）」と「他教科やテーマに基づく教科横断的内容（Content）」を統合し，そこに「知識の理解という低次思考力を基盤として，分析的・創造的思考などの高次思考力を養う学習活動（Cognition）」と「相互文化理解・協同学習（Culture/Community）」を組み合わせ，体験的・主体的学習を促し，自律的学習者の育成をめざす外国語教育である。（渡部・池田・和泉，2011）。上記の4つは4Csと呼ばれ，教科横断的な授業作りや実践における重要な視点となる。これは，前述した学習指導要領にお

ける主体的・対話的で深い学びと教科横断的カリキュラムマネジメント実現による授業実践のための，効果的な視点として活用できる。まず，さまざまな他教科の本物の豊かな内容（Content）を取り入れることは，多様な学習者の興味・関心を促し，自己関連性と学びの真正性を高め，「主体的学び」を促すことにつながる。さらに，相互文化理解や協同学習では，外国語のコミュニケーションによる「対話的学び」の実現を可能にする。また，学んだ知識を活用し，学習におけるメタ認知や自己調整力を必要とする分析的・創造的思考力の育成を重視したCLILの学びは「深い学び」の実現に貢献するものであると考えられる。したがって，学習指導要領に示された教育実現のために，CLILの考え方を取り入れることは，意義あることと言える。次節では，本節で述べた理論を実践に生かし，具体的な学習言語とテーマに基づく学習活動の進め方について述べる。

2 教科横断型教材開発の進め方

　小学校外国語教育に，教科横断型教材を開発する際の進め方としては，単元の学習言語とテーマを要として，他教科の内容や教材を取り入れ，思考活動と協同学習・相互文化理解を考える。その場合，以下に示す通り，①授業の一部に教科横断型活動を取り入れること，もしくは②単元のテーマに合わせて，単元のすべての授業を教科横断型活動に統合することが可能である（樋口・髙橋他，2017；笹島・山野，2019）。

① 授業の一部に教科横断型教材を活用する場合の進め方

単元名：学習言語	他教科内容・テーマ	思考活動	協同学習・文化
Hello! Hi! I'm (Emi). Goodbye.	世界の国々（世界地図，国旗や世界の言語カード）	国旗，言語カードを見て，どの国か推測する。	世界の言語や国旗について知る。
How many legs? How many legs do ants have? 　(Six legs). OK?	理科の生物の学び，昆虫や多足類等，動物の足の数（理科教科書，生物図鑑）	さまざまな生物の足の数を推測理解，足の数ごとに分類。	好きな動物の足の数を尋ね同じ数の動物でグループを作る。

学習言語	他教科内容・テーマ（他教科活用教材）	思考活動	協同学習 相互文化理解
Alphabet A card, please. Here you are. Thank you. You are welcome.	自分の名前を表すローマ字を知る。(国語の訓令式，外国語のヘボン式のローマ字表)	訓令式／ヘボン式表を比較分析，ti/chiなど表記の違いに気付く。	外国の人に伝えるためのローマ字表記があることを知る。
This is for you. What do you want?	図工に関連する創作活動（カード作成のための画用紙・折り紙）	相手の好みに配慮したカードを創作する。	世界のグリーティングカードを知る。
What's this? It's (a spider). That's right.	生活科の四季の学び（生活科の教科書や世界の国々図鑑）	日本と世界の国々の季節の違いに気付く。	日本や世界の国々の季節を知る。
What time is it? It's (7:30). I go to school.	算数の時間の学び（大時計），世界の時間（地球儀）	世界の人々の生活時間や時差を推測，比較する。	日本や世界の児童，働く人の生活を知る。

② 単元のすべての授業で教科横断型教材を活用する場合の進め方

単元名："What would you like?"（ていねいな表現を知り，注文してみよう）

学習言語	他教科内容・テーマ（他教科活用教材）	思考活動	協同学習 相互文化理解
What would you like? I'd like ～. What do you want? I want ～.	ていねいな表現を知ろう。(国語科5年，敬語の役割や働きを知り，場面に応じた適切な言葉遣いを理解できる。)	would you like と want の使用場面を比較・分析し，英語のていねいな表現に気付く。	夕飯時の自宅とレストランでの対話の違いを考え，文化的共通点を共有する。
What would you like? I'd like ～. How much? It's 10 dollars.	先生のために，10ドルで世界の料理のランチを注文しよう。(算数，四則計算，世界の通貨)	1ドルを100円で計算し，先生が喜ぶランチを推測，分析し注文する。	世界の料理や通貨を知り，先生が喜ぶメニューを班で考えて選ぶ。
What would you like? I'd like a (BLT) sandwich. Here you are. Thank you.	グループでヘルシーサンドイッチメニューを作り，ていねいな言い方で注文したり答えたりしよう。(家庭科・図画工作)	栄養バランスや見た目の良さ，アルファベットの頭文字を考慮し，メニューを創作する。	食の多様性と健康意識を持ち，班で協力して，魅力的なサンドイッチを考える。

上記の授業は，まず既習言語である want と新出言語の would like to を実際の使用場面から，5年生の国語で学ぶ敬語の学びと結びつけ，母語と外国語の言語の共通点について児童の気付きを促すことから始まる。

　次に，世界の料理を，先生のランチのために 10 ドルで選ぶという目的と他者に配慮する意識を持って注文する。最後に BLT が，どんな食材を表しているのかを推測させ（図1），それぞれ Bacon, Lettuce, Tomato の頭文字であり，アルファベット順に並んでいることにも気付かせる。それを家庭科の栄養バランスの学びとも結びつけ，グループでサンドイッチを考える。その際，文構造の気付きも促し，読み書きしながら，メニューを作成する。最後にそのメニューを使って，それぞれ店員と客になり，クラスで一番人気のサンドイッチを決める。可能であれば，そのサンドイッチを給食のメニューに取り入れてもらうなどすると，実生活につなげることができ，実際に海外で注文できる知識と技能の習得も促すことができる。

図1　BLT とはどんな食材？

　このように教科横断型教材開発の視点を持って授業を進めることは，他教科の学びを，英語の学びに生かすことができる体験的学習となる。多様な児童の個性を生かし，知的好奇心を高めながら，協働的で創造的な思考力の育成を促す深い学びが可能となる。さらにその学びは実生活にも生かすことができる。これは，外国語教育における教科横断的学びの有機的統合と，児童の生きる力の育成につながると言えよう。

第**6**章 デジタル教科書と ICT の活用法

　児童の ICT 活用能力を高めるため，文部科学省は GIGA スクール構想（Global and Innovation Gateway for All）を提唱し，各自治体でも，具体的な取り組みが開始された。GIGA スクール構想とは，児童生徒に 1 人 1 台の学習用端末と，高速大容量の通信ネットワークを一体的に整備し，一人ひとりに個別最適化された教育を保障するための施策である。

　この GIGA スクール構想では，児童生徒が，鉛筆やノートなどの文房具を使いこなすように，ICT を学校内外で日常的に使い学習することを想定している。本章では，新時代の ICT 利用の中で，特に，今後，活用が期待されるデジタル教科書について紹介する。

1　デジタル教科書等の種類と定義

　文部科学省の「学習者用デジタル教科書の効果的な活用の在り方等に関するガイドライン」(2018) によれば，学校の授業で使用する ICT 教材を図 1 のように分類，説明している。

　「学習者用デジタル教科書」は，紙の教科書とまったく同一の内容をデジタル化したものである。画面を拡大したり，背景色の反転をしたりすることができる。この学習者用デジタル教科書の紙面に，動画・音声やアニ

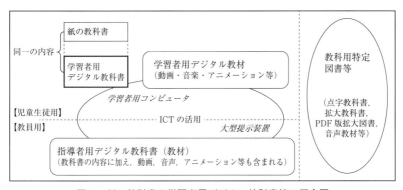

図1　紙の教科書や学習者用デジタル教科書等の概念図

メーション等のコンテンツを付帯したものは「学習者用デジタル教材」と呼ばれ補助教材として扱われる。また，教員が大型テレビなどに投影し，動画を見せたり，リスニング問題の音声を再生したりするものも「指導者用デジタル教科書」と呼ばれ補助教材の扱いとなる。

　学校では，従来の紙の教科書を基本としながら，「主体的・対話的で深い学び」をめざした授業改善や，学習に困難がある児童生徒への学習支援のため，紙の教科書に加えて各種デジタル教科書等を組み合わせ有効活用することが求められる。

2　デジタル教科書等の活用法と留意点

　デジタル教科書等は，使用目的や機能によって，学習者用デジタル教科書とデジタル教材との一体的な使用，学習者用デジタル教科書と他のICT機器等との一体的な使用等，さまざまな活用方法が考えられる。以下，いくつかの活用方法と留意点を述べる。

①　学習者用デジタル教科書とデジタル教材の一体的な活用方法

1）教科書の紙面を拡大（ピンチアウト）して表示する。

2）教科書の紙面に，付属のデジタルペンやマーカーで書き込む。

3）教科書の紙面に書き込んだ内容を保存・消去・再表示する。

　図2のような紙面を使い，教員がI，T，A，X などとアルファベットをランダムに言う。児童は，それに当てはまる絵をピンチアウトして教員に示す。次に教員は，“Please point at T.”などと指示し，児童は当てはまるアルファベットを指さす。最後にデジタルペンを使ってTをなぞって書くようにすると，児童はアルファベットの形状を認識することができる。

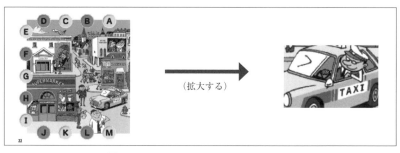

（拡大する）

図2　*Let's Try! 1*　Unit 6　ALPHABET

②　学習者用デジタル教科書と他のICT機器の一体的な活用方法

1）大型モニターに児童の学習者用デジタル教科書の画面を表示する。

2）児童が行った書き込みの内容等をクラス全体で共有する。

3）提示された画面を見ながら，児童に考えを発表させる。

　例えば，図3のLet's Watch and Thinkで「指導者用デジタル教科書」で英語の聞き取り課題をさせる前に「学習者用デジタル教科書」を使って，児童と次のようなやり取りを行うことが考えられる。

　　T：Please draw a red circle.（左上のイラストのサッカーボールを持って
　　　いるペアの絵を赤い丸で囲ませる）この絵の子どもたちは，何を話し
　　　ているのか考えてみましょう？

　　S1：「サッカーしよう！」って言ってる。

　　T：Good. Let's play soccer!（デジタル教科書の画面を拡大するよう指示）

　　S2：「眠たい？」って言ってるみたい。

　　T：Oh, are you sleepy?

　このように，学習者用デジタル教材にペンで書き込みをさせたり，該当箇所を拡大させたりすることで，児童の意識を発問の内容に集中させることができる。また，英語での聞き取り課題を行う前に，児童と英語でやり取りし，気付かせたい英語表現に無理なく出会わせることができる。

③　デジタル教科書等使用上の留意点

　以上のように，非常に便利な機能を持ったデジタル教科書等であるが，以下のような点に十分留意して使用する必要がある。

1）使用頻度，時間，目的を十分に吟味して節度をもって使用する。

2）個人端末を使わない時はしまうなど，使用上の約束を決める。

図3　*Let's Try! 1*　Unit 2　How are you?

3) ノートやプリントなど，紙媒体のよさと比較し選択使用する。

4) 機器の不具合に備え，予備機や紙の教科書等も準備しておく。

3　その他の ICT の活用法

　教科指導での ICT 活用では，①授業準備と評価のための教員による活用，②授業中の教員による活用，③授業内外での児童自身による活用の3つが重要だと言われている（文部科学省，2009）。今後は，個別最適化された学習指導の充実のために，授業中だけでなく休み時間や家庭でも児童がICT を活用し，主体的な学習者となるよう支援をしていくことも必要となる。以下，そのための方法をいくつか提案する。

①　基礎・基本の習熟のための ICT 活用

　小学校外国語の授業では，場面・目的・状況を意識した，意味のあるやり取りを通して表現の定着を図ることが重要である。一方で，英語らしいリズムや発音などは全体で練習するだけでなく，学習者用デジタル教材などを効果的に使い，ペアや個人で繰り返し楽しく練習するなど基礎・基本の習熟に ICT を活用することができる。

②　調査・まとめ・発表のための ICT 活用

　インターネット検索等は，児童に使用上のきまりを指導したうえで，調査・まとめ・発表の準備に積極的に活用させたい。最近は AI による機械翻訳の性能も飛躍的に向上している。児童が本当に表現したい英語の表現を，機械翻訳アプリなどを使い自分たちで調べたり，逆に，自分たちが考えた英語の表現が語法的に正しいかどうかなどのチェックを行ったりすることもできる。

③　評価・振り返りのための ICT 活用

　単元末のパフォーマンステストに向けて，スピーチややり取りの様子をタブレット端末で録画し，改善点を話し合いながら考えさせることで，主体的な学習態度が育まれる。また，単元の最初，中間，最後で，自分のパフォーマンスの様子を録画し，その変化に注目しながら振り返りをさせることで，自分の学びを調整しながら，粘り強く取り組む「主体的に学習に取り組む態度」の評価にも活用することができる。

第7章 資質・能力を伸ばす評価の進め方

1 育成すべき「資質・能力」

『学習指導要領（平成29年告示）』は，育成すべき資質・能力として，ア「何を理解しているか，何ができるか（生きて働く「知識・技能」の習得）」，イ「理解していること・できることをどう使うか（未知の状況にも対応できる「思考力・判断力・表現力等」の育成）」，ウ「どのように社会・世界に関わり，よりよい人生を送るか（学びを人生や社会に生かそうとする「学びに向かう力・人間性等」の涵養）」の3つを挙げている。

また，資質・能力を育てるために，「主体的・対話的で深い学び」の視点に立った授業改善を行うこととしている。質の高い学びを実現し，児童が学習内容を深く理解し，資質・能力を身に付け，生涯にわたって能動的（アクティブ）に学び続けるようにするために，指導と評価の一体化の実現が期待されている。

2 評価の在り方

① 外国語活動及び外国語科の評価の在り方

第17期中央教育審議会答申（2016，以下，中教審答申）は，学習評価の基本的な考え方として，「児童生徒の学習成果を的確に捉え，教員が指導の改善を図るとともに，児童生徒自身が自らの学びを振り返って次の学びに向かうことができるようにするためには，学習評価の在り方が極めて重要」としている。

この考えに基づき，各教科等の評価は，児童生徒の学習状況を分析的に捉える「観点別学習状況の評価」と総括的に捉える「評定」を学習指導要領に定める目標に準拠した評価として実施するものとしている。また学習指導要領の「学びに向かう力・人間性等」については，「主体的に学習に取り組む態度」として観点別評価を通じて見取る部分と，観点別評価の対象外として児童生徒一人ひとりのよい点や可能性，進歩の状況について個人内評価を通じて見取る部分に分けられている。

そして中教審答申は，観点別学習状況の評価について学習指導要領の教育目標や内容を踏まえ，次の３観点に整理している。
　(1)　「知識・技能」の評価
　教科における学習の過程を通した知識及び技能の習得状況について評価を行うとともに，それらを既有の知識及び技能と関連付けたり活用したりする中で，他の学習や生活の場面でも活用できる程度に概念を理解したり，技能を習得したりしているかについて評価する。
　(2)　「思考・判断・表現」の評価
　教科等の知識及び技能を活用して課題を解決する等のために必要な思考力，判断力，表現力等を身に付けているかを評価する。「思考・判断・表現」を評価するために，指導者は児童生徒が思考・判断・表現する場面を効果的に設計したうえで，指導・評価することが必要である。
　(3)　「主体的に学習に取り組む態度」の評価
　「主体的に学習に取り組む態度」の評価では，単に継続的な行動や積極的な発言を行うなど，性格や行動面での傾向の評価でなく，知識及び技能を獲得したり，思考力，判断力，表現力等を身に付けたりするために，自らの学習状況を把握し，学習の進め方について試行錯誤するなど自らの学習を調整しながら，学ぼうとしているかどうかという意思的な側面を評価することが必要である。

　②　学習評価の流れ
　学習指導要領は外国語活動及び外国語科の目標を３つの資質・能力で示しているが，英語の目標は，「聞くこと」「読むこと」「話すこと［やり取り］」「話すこと［発表］」「書くこと」の５領域（「外国語活動」は「読むこと」「書くこと」を除く３領域）で示し，領域別の目標（第１部第２章参照）の実現をめざした指導を通し，知識・技能，思考力・判断力・表現力を一体的に育成するとともに，その過程を通して「主体的に取り組む態度」を涵養するとしている。（外国語科（外国語活動）では，これらの５(3)領域を「内容のまとまり」とする。）
　そして各単元における児童の学習状況を把握するにあたり，まず，学習指導要領が示す英語の「目標」及び「領域別の目標」に基づき，「学年ごと

の目標」及び「学年ごとの領域別の目標」を定め，以下の手順で進める。

(1) 単元の目標を作成する（第1部第4章参照）

(2) 単元の目標達成度を評価する「単元評価規準」を作成する

　単元で取り扱う話題や言語材料，主たる言語活動におけるコミュニケーションの目的，場面，状況等に応じて，内容のまとまり（領域）ごとに観点別に作成する。外国語活動では，「知識・技能」を一体として捉え，基本的な語彙や表現を聞いたり，やり取りしたり，話したりすることに慣れ親しんでいる状況を評価する。他方，外国語科では，「知識」と「技能」に分けて評価規準を設定し，基本的な語句や表現を理解し，それらを5領域で使える技能を身に付けている状況を評価する，などの違いがあることに留意する。

(3) 指導と評価の計画

　児童の観点別の学習状況の評価は，毎回の授業ではなく，単元や題材など内容や時間のまとまりごとに行うため，児童の実態を誰が授業のどのような場面で，どのような方法で評価するかを設定する。

(4) 授業の実施

　前述の「指導と評価の計画」に沿って観点別評価を行い，児童の学習改善や指導者の指導改善につなげる。

③ 単元の評価規準の具体例

　6年生対象の「友達になろう」（第2部第2章6節参照）の単元で，自分のことをよくわかってもらったり，相手のことをよく知ったりするためのインタビューを単元のゴールの言語活動と設定した単元計画の場合，表1のような評価規準を設定する。

表1　単元「友達になろう」の評価規準例

領域	知識・技能	思考・判断・表現	主体的に学習に取り組む態度
聞くこと	［知識］教科名，スポーツ，動物，誕生日の言い方，I like 〜 . /Do you like 〜? I'm good at 〜 . /Are you good at 〜? When is your birthday? It's 〜 . などの	相手のことをよく知るために，好きなものや好きなこと，得意なことな	相手のことをよく知るために，好きなものや好きなこと，得意なことな

	質問と答え方について理解している。 ［技能］友達の好きなものや好きなこと，得意なことなど，自己紹介に関することについて聞き取る技能を身に付けている。	ど，具体的な情報を聞き取っている。	ど，具体的な情報を聞き取ろうとしている。
読むこと	［知識］基本的な語彙，表現，終止符の基本的な符号について理解している。 ［技能］音声で十分に慣れ親しんだ語句や表現で書かれた友達の自己紹介文を読んで意味がわかるために必要な技能を身に付けている。	相手のことをよくわかるために，音声で十分に慣れ親しんだ語句や表現で書かれた友達の自己紹介の具体的な情報を読んで，意味がわかっている。	相手のことをよくわかるために，音声で十分に慣れ親しんだ語句や表現で書かれた友達の自己紹介の具体的な情報を読んで，意味をわかろうとしている。
話すこと［やり取り］	［知識］基本的な語彙，表現の言い方について理解している。 ［技能］自己紹介に関することについて伝え合う技能を身に付けている。	自分のことをよく知ってもらうために，自己紹介に関することについて伝え合っている。	自分のことをよく知ってもらうために，自己紹介に関することについて伝え合おうとしている。
書くこと	［知識］基本的な語彙，表現，終止符の基本的な符号について理解している。 ［技能］自己紹介に関することについて，書く技能を身に付けている。	自分のことをよく知ってもらうために，自己紹介に関することについて，音声で十分に慣れ親しんだ語句や表現を用いて書いている。	自分のことをよく知ってもらうために，自己紹介に関することについて，音声で十分に慣れ親しんだ語句や表現を用いて書こうとしている。

＊「話すこと［発表］」は当該単元の言語活動に含まないため，割愛。

3 深い学びを育てる評価方法

　外国語学習の評価方法は，行動観察，リスニングクイズ，筆記テスト，パフォーマンス評価や CAN-DO 評価など，多様である。

　ここでは，今後，外国語学習の評価において，一段と重視されると考えられるパフォーマンス評価と CAN-DO 評価を利用した単元の振り返りについて考える。

① ルーブリックに基づくパフォーマンス評価

　パフォーマンス評価は，既習の知識・技能を実際に使用する場面や課題を設定し，児童に speech, show and tell, role play, interview など，発表ややり取りを実際に行わせ評価する方法である。十分に練習させ，最終的な成果を評価し，児童に達成感や充実感を得させるようにしたい。

　パフォーマンス評価を行うにあたっては，評価の3観点の評価規準と，各観点から見た児童の具体的な姿を3～4段階程度に分けて記述した評価基準を作成する。以下に，「できることを発表しよう（第5学年）」（第2部第2章3節参照）の単元における「話すこと［発表］」の言語活動の評価基準を，「十分満足できる（A）」「概ね満足（B）」「努力を要する（C）」の3段階に設定したルーブリック例（表2）を示す。

表2　ルーブリック例：話すこと［発表］―「夢のロボットの紹介」

観点	評価規準	評価基準		
		A	B	C
知識・技能	つかえることなく，内容が通じるように正しい文章で話すことができたか。	しっかりと流れを保って話すことができた。内容が通じるように正しい文章で話すことができた。	つかえながらも何とか話すことができた。いくつか間違えた。	途中で止まってしまった。正しく話せなかった。
思考・判断・表現	「夢のロボット」の特徴とそのロボットが必要な理由をまとめられたか。	「夢のロボット」の特徴とその理由がまとめられた。	「夢のロボット」の特徴は言えたが，その理由が整理できていなかった。	「夢のロボット」の特徴及びそれを必要とする理由も述べられていなかった。
主体的に学習に取り組む態度	聞き手を見ながら自然な表情で，はっきりと相手に伝わるように話すことができたか。	聞き手を見ながら自然な表情で，はっきり聞こえる声と相手に伝わる発音で話すことができた。	聞き手を見ているが，表情がぎこちなく，何とか相手に伝わる声と発音で話すことができた。	聞き手を見ることができておらず，声も発音も不明瞭であった。

② CAN-DO 評価を利用した単元の振り返り

CAN-DO 指標は到達目標であるとともに，自己評価を行うための指標でもある。各単元で扱う話題，使用する言語材料を使って「何ができるようになるか」という視点から CAN-DO 指標を作成し，単元の学習を振り返って児童に自己評価させる。その際，児童が評価し易いように4段階程度の具体的な評価基準を作成しておく。

以下に，単元「夏休みの思い出（第6学年）」（第2部第2章10節参照）において，「夏休みの思い出を発表しよう」という言語活動を設定した場合の「話すこと［発表］」の「思考・判断・表現」の「振り返りシート」の例（図1）を示す。

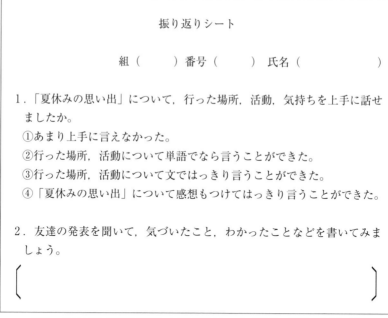

図1　CAN-DO 指標を利用した振り返りシート【思考・判断・表現】例

第2部

実 践 編

深い学びを促す授業実践／授業の進め方

　第2部では「深い学びを促す授業実践」例を紹介する。第1章：中学年10単元，第2章：高学年14単元の設定にあたり，前者は *Let's Try! 1, 2*，後者は *We Can! 1, 2* 及び民間7社の検定済教科書を分析し，これらで扱われている主な題材や言語材料はほぼ網羅した。なお，中学年，高学年の授業実践例は，当該単元設定の目的，意義に続き，以下の構成からなる。

1．単元の目標
2．言語材料：新出，既出
3．単元計画（基本的に，中学年は4時間，高学年は8時間配当）：単元のゴールの言語活動に児童が自信を持ち，創意工夫を凝らして楽しく取り組めるように，ゴールの言語活動へ段階的に発展する単元計画の工夫とともに，各時間の目標に沿った主な活動について，形成的評価を行うための評価規準と評価方法を提示する。
4．準備物：当該単元で特に必要な準備物を示す。
5．Small Talk の指導計画，6．読むこと・書くことの指導計画：高学年では単元を通して継続的に実施することが期待されている Small Talk と読むこと・書くことの指導計画をそれぞれ5，6として示す。なお，音と文字の関係については第2章4節で扱っているが，Story を読む活動は，紙幅の関係で取りあげていない。
7．本時の展開：単元のゴールの言語活動を実施する時間，もしくはゴールの言語活動を充実した活動にするうえでポイントとなる時間の授業過程に沿って，当該時間の意義や目標，活動内容，活動の進め方をできるだけ詳しく説明する。なお，本時の展開で取りあげた学習活動や言語活動以外で有益であると考えられる活動は「代案」や「発展・応用活動」として示す。
8．指導上の留意点：当該単元や当該授業を進めるにあたり，特に留意したい事柄を指導上の留意点として示す。

1 節 「おはよう。君ってすごいね！」(Good morning. You are great!)

(第 4 学年)

　クラス替えで新しい仲間に出会うと考えられる 4 年生の新学期の授業では，3 年生で学習した名前，気持ち，状態を伝え合う表現に加えて，既習表現 I like 〜. を使って趣味や好きなものを伝え合う会話へとつなぎ，お互いをわかり合いたい。本単元では，時間や場面に応じた挨拶の言葉を学習する。また，「相手に伝わるように工夫する」「相手に配慮する」ことの大切さについて児童の気付きを促し，相手を尊重する気持ちを伝えるひと言，「君ってすごいね！」へと進めたい。

1　単元目標

　相手に配慮しながら，時間や場面に応じた挨拶をし，名前，気持ちや状態，趣味や好きなものを伝え合う。さらに相手を尊重するひと言を伝え合う。

2　主な表現及び語彙

・表 現：Hello. Hi. Good [morning / afternoon / evening / night]. See you. I'm (Shota). What's your name? How are you? I'm (fine). You are great. Sounds good.

・語彙：時間帯 (morning, afternoon, evening, night)，気持ち・状態 (okay, good, fine, great, happy, sleepy, hungry, thirsty, tired, sad, etc.)
[既出] I like 〜. Do you like 〜？

3　単元計画（4時間）

時	目標	主な活動　　○評価規準（方法）
1	・世界にはさまざまな言語や挨拶の仕方があることに気付く。 ・相手に伝わるように工夫しながら，挨拶を交わし，名前を伝え合い，状態や気持ちを尋ね合おうとする。	・世界のさまざまな言語での挨拶を視聴し，挨拶の仕方の違いに気付く。 ・相手に伝わるように工夫しながら挨拶を交わし，名前を伝え合い，状態や気持ちを尋ね合う。 ○相手に伝わるように工夫しながら，挨拶，名前，状態や気持ちを伝え合える。（行動観察）
2	・時間や場面に応じた挨拶に慣れ親しむ。 ・相手に伝わるように工夫しながら，時間や場面に応じた挨拶を交わし，名前を伝え合い，状態や気持ちを尋ね合おうとする。	・時間や場面に応じた挨拶の会話を聞く。 ・相手に伝わるように工夫しながら，時間や場面に応じた挨拶を交わし，名前を伝え合い，状態や気持ちを尋ねたり答えたりする。 ○相手に伝わるように工夫しながら，時間や場面に応じた挨拶を交わし，名前を伝え合い，状態や気持ちを尋ねたり答えたりできる。（第1時に同じ）
3	・相手に伝わるように工夫しながら，時間や場面に応じた挨拶を交わし，名前，状態や気持ちを伝え合い，さらに既習表現を使って会話をつなごうとする。	・相手に伝わるように工夫しながら，時間や場面に応じた挨拶を交わし，名前，状態や気持ちを伝え合い，さらに既習表現 I like ～ . などを使って会話をつなぐ。 ○相手に伝わるように工夫しながら，時間や場面に応じた挨拶，名前，状態や気持ちを伝え合い，さらに既習表現 I like ～ . などを使って会話をつなぐことができる。（ワークシート，行動観察）
4 （本時）	・相手に配慮し，相手に伝わるように工夫しながら，挨拶から既習表現を使って趣味や好きなものへと会話をつなぎ，自分のことを伝え，相手のことを知ろうとする。 ・相手の趣味や好きなものについて，「君ってすごいね!」「いいね!」と伝え合う。	・相手に配慮し，声の大きさ・速度・表情・ジェスチャーなどで相手に伝わるように工夫しながら，挨拶から既習表現 I like ～ . を使って趣味や好きなものへと会話をつなぎ，自分のことを伝え，相手のことを知ろうとする。 ・相手の趣味や好きなものについて，「君ってすごいね!」「いいね!」と相手を尊重する気持ちを伝えることができる。 ○相手に配慮し，相手に伝わるように工夫しながら，挨拶から既習表現 I like ～ . を使って趣味や好きなものへと会話をつなぎ，「君ってすごいね!」「いいね!」と相手を尊重する気持ちを伝えることができる。（行動観察，振り返りシート）

4　準備物

①絵カード：挨拶（Good morning / afternoon / evening / night.），気持ち・
状態（okay, good, fine, great など），いろいろな人々（老人，幼児，外国人，
病人）

②絵と文字カード

5　本時の展開（4 / 4 時）

　前時までに，児童は，時間や場面に応じて言葉を選択して挨拶し，名
前，状態や気持ちを伝え合い，さらに既習表現を使って会話をつなぐこと
に慣れ親しんでいる。本時は，対話の相手を，老人，幼児，外国人，病人
と想定することで，「相手に伝わるように工夫する」ことに加え，「相手に
配慮する」ことの大切さについて児童の気付きを促したい。また，I like
～．を使って，お互いの趣味や好きなものを伝え合い，相手を理解し，尊
重して，「君ってすごいね！」「いいね！」とひと言伝える活動へと進める。

①挨拶，Warm-up（5 分）

　(1)挨拶：時間や場面に応じた挨拶，天気，月日などの定型表現。

　(2) Warm-up：世界の挨拶の歌を歌う。例えば，"Hello to the World"（樋
口監修，衣笠著，2010）や「世界のあいさつの歌」（*Here We Go! 5*, 光村
図書，2020）など。

② Let's Listen & Think（10 分）

　(1)指導者は，Small Talk を通して，人と話すときには相手意識を持っ
た配慮ある会話が大切であることへの気付きを促す。

I'll show you some pictures of my family. Look, this is my grandmother. She is Yukie. She likes cooking. She is 80 years old. She can't hear well. （耳に手をあててジェスチャーで意味理解を促す）I talk to her loudly and slowly（実演する）. This is my brother's son. He is Ryo. He is 3 years old. He likes *Anpanman*. I talk to him bending down to his eye level（実演する）. I like my family.（She / He は未習であるが，写真を指し示しながら話すことで，誰を示しているかが児童にわかるように進める。）

(2)黒板に，老人，幼児，外国人，病人の絵カードをはり，会話をする際にどのような配慮が必要かを児童に考えてもらう。

(例)老人：耳が聞こえ難い場合は，近寄り，大きめの声でゆっくり話す。

　　幼児：かがんで目の高さを合わせて，幼児にわかる話題を話す。

　　外国人：日本語に不慣れなので，日本人の名前や日本語はゆっくりはっきり言う。挨拶はその人の国の言葉ですると喜ばれる。

　　病人：食事・運動制限がある。話題に配慮が必要な場合もある。

　　★クラスメイトと話す場合も，人はそれぞれ違うので，上の例と同様に，相手意識を持った配慮ある会話が大切だと児童が気付くように進める。

③復習兼導入—Let's Listen and Repeat!（7分）

前時の復習及び I like 〜 . を使って趣味や好きなものを伝え合う。加えて，"You are great!"，"Sounds good!" の表現を導入する。指導者が次のスキットを演じてみせた後，児童は指導者の後について言う。（下線部以外は3年生での既習表現であるが，会話のやり取りの長さは児童の学習段階に応じて調整する。）

〈老人のイラストを使って〉

HRT：Good morning. I'm Okada Shota.（大きい声で，ゆっくり，明瞭に発音する。）

老人：Good morning, Shota. I'm Yamada Haruo.（同上）

HRT：How are you?

老人：I'm okay（good / fine / great, etc.）. How are you?

HRT：I'm fine. I like walking. Do you like walking?（散歩のジェスチャー）

老人：No, I don't. I like gateball.

HRT：Gateball, Japanese croquet! <u>You are great!</u>（You are great!「君って すごいね！」のカードを黒板にはる。）

〈外国人のイラストを使って〉

HRT：Good afternoon. I'm Okada Shota.（名前はゆっくり，明瞭に発音する。）

外国人：Good afternoon, Shota. I'm Linda.（同上）

HRT：How are you?

外国人：I'm good. How are you?

HRT：I'm great, but I'm hungry. I like lunchtime!

外国人：Ha-ha! What food do you like?

HRT：I like curry and rice. Do you like curry and rice?

外国人：Yes（, I do）. I like chicken curry.

HRT：Chicken curry? <u>Sounds good!</u>（"Sounds good!"「いいね！」のカードを黒板にはる。）

④コミュニケーションへの橋渡し活動：Let's Try!（8分）

（1）新教材の練習

　黒板の "You are great!", "Sounds good!" のカードを指しながら，リズムに乗せて言う練習をする。児童はペアになり，"I like ～." を使って，自分の趣味や好きなものを言う。相手の好きなことに対して，"You are great!", "Sounds good!" と伝える。

（例1）S1：I like karate.

　　　　S2：Karate! You are great!

（例2）S1：I like dogs / Chihuahuas.（チワワ）.

　　　　S2：Sounds good!

⑤コミュニケーション活動：Let's Talk!（10分）

　教室を自由に動き，出会った人と会話をする。前時までの会話に加え，お互いの趣味や好きなものを伝え合い，「君ってすごいね！」「いいね！」と伝える。（英語表現は③参照）

《代案》

　③，④，⑤の活動について，挨拶，名前，気持ちや状態の会話の後に，

児童が既習表現（I like ～ . Do you like ～ ? など）を使って自由に会話をつなぐことが難しい場合は，衣服や身の回りのものなどの既習語彙を使って，次のように進めることもできる。

【会話が続かなかったら―ひと言褒めよう！「君の○○いいね！」】

欧米人は相手の衣服や持ち物を褒める習慣がある。挨拶，名前，気持ちや状態を尋ね合う会話の続きとして，相手の衣服や持ち物を褒めるという会話の流れも考えられる。

S1：I like your（hat）.（I like your ～ . 「君の○○いいね！」のカードを黒板にはる。）

S2：Oh, thank you.

⑥まとめと振り返り，終わりの挨拶（5分）

コミュニケーション活動のやり取りの中で知った，クラスメイトの趣味や好きなものについて，同じだった人がいたか，興味を持ったものがあったかなどを児童に尋ねたり，発表したりしてもらう。最後に「振り返りシート」に，本時の授業で気付いたことや，感想などを記述してもらう。

6　指導上の留意点

④のI like ～ . に入れる語彙は，既習語彙から選択するのではなく，未習語彙であっても，児童の趣味や好きなものを表す語彙から難易度の低い易しい語彙を入れる。未習語彙については，指導者は個別に机間指導する。事前に児童の趣味や好きなもののアンケートを取って，調べておくとよい。

2節 「いくつあるかな？ 数のクイズに挑戦しよう」(How many?)
(第3学年)

　文部科学省共通教材 *Let's Try! 1* Unit 3 では，1 から 20 までの数の言い方や数の尋ね方に慣れ親しみ，数について尋ねたり答えたりして伝え合う活動が設定されている。本単元では，児童にとって身近なものの数を尋ね合うクイズを単元のゴールのコミュニケーション活動として設定することで，児童が興味・関心を高め，主体的に学習に取り組むことができるようにしたい。なお，本単元で扱う身の回りのものや野菜などの単語や，数を尋ねたり答えたりする表現は，中学年のみならず，その後の高学年，中学校の学習でもさまざまな場面で繰り返し出会うものであると考えられる。そのため，児童にとって身近なものを題材として，数を尋ね合う活動を設定することで，楽しみながら表現に出会い，体験的に外国語に慣れ親しむことを大切にしたい。

1　単元目標
　学級の友達とクイズを出し合うために，相手に伝わるように工夫しながら，身の回りのものの数について，尋ねたり答えたりして伝え合う。

2　主な表現及び語彙
・表現：How many (tomatoes)? (Ten) (tomatoes). Yes. That's right. Good. No. Sorry. Try again.
・語彙：数（1〜20），身の回りのもの (ball, pencil, eraser, ruler, crayon, etc.)，野菜・果物 (tomato, eggplant, cucumber, apple, strawberry, etc.)
［既出］挨拶・自己紹介，状態・気持ち

3　単元計画（4時間）

時	目標	主な活動　○評価規準（方法）
1	・1〜20の数の言い方に慣れ親しむ。	・指導者の How many? クイズの様子を見る。 ・1〜20までの数の言い方を知る。

		・歌 "Ten Steps" を聞く。 ○1〜20までの数の言い方が聞いてわかっている。（観察・振り返りシート）
2	・日本と外国の数の数え方の共通点や相違点に気付いたり，1〜20の数の言い方に慣れ親しんだりする。	・歌 "Ten Steps" を歌う。 ・いろいろな国の数の言い方を知る。 ・指導者のHow many? クイズに答える。 ○1〜20までの数を言っている。（第1時に同じ）
3	・数を尋ねる表現に慣れ親しみ，数を尋ねたり答えたりして伝え合う。	・歌 "Ten Steps" を歌う。 ・指導者のHow many? クイズに答える。 ・グループでHow many? クイズをする。 ○数を尋ねたり答えたりして伝え合っている。（第1時に同じ）
4 （本時）	・相手に伝わるように工夫しながら，数を尋ねたり答えたりしようとする。	・歌 "Ten Steps" を歌う。 ・指導者のHow many? クイズに答える。 ・友達同士でHow many? クイズをする。 ○相手に伝わるように工夫しながら，数を尋ねたり答えたりしようとしている。（第1時に同じ）

4 準備物

クイズ用教具（箱，ドングリとビー玉（児童がクイズを行う際には，1ペア当たり20個程度），朝顔とトマトの写真）

5 本時の展開（4／4時）

児童は，前時までに，Let's Sing，Let's Play，Let's Watch and Thinkなどの活動を通して，1〜20までの数の言い方や数の尋ね方について慣れ親しんでいる。また，第1時より，繰り返しクイズ活動にも取り組んでおり，本時は，それらの学習内容を活用して，友達とHow many? クイズを出し合い，楽しみながら数を尋ねたり答えたりする活動を行う。本時の展開は以下の通りである。

①挨拶，本時のめあての確認等（3分）

指導者は，挨拶とともに前時の復習を兼ね，下級生が育てている朝顔の写真を示しHow many 〜？を用いて，児童とその日に咲いた朝顔の数について次のような簡単なやり取りをする。

T：How many flowers?

Ss：One, two, three, ... eleven. Eleven flowers.

その後，本時のめあてや流れを全体で確認し，児童が見通しを持って学習に取り組むことができるようにする。

②慣れ親しませる活動：Let's Sing （3分）

本単元では，文部科学省共通教材のデジタル教材を活用し，歌 "Ten Steps" を通して，1 ～ 20 までの数の言い方に慣れ親しむ。歌を歌う際には，指で数を数えながら歌い，語の音と意味を一致させるようにする。また，児童の実態に応じて，歌の速さを調節したり，カラオケバージョンで歌ったりすることで，児童がどの程度表現に慣れ親しんでいるかを確かめ，必要に応じて数の言い方を確かめるようにする。

③コミュニケーションへの橋渡し活動：Let's Play （10分）

指導者の How many? クイズに児童が答える。④のコミュニケーション・自己表現活動では，児童同士でクイズを出し合うことを確認してから本活動を行うことで，児童がクイズを出したりクイズに答えたりする活動のイメージを持つことができるようにする。

また，本単元で行う How many? クイズでは，児童の「数を数えてみたい」という思いを高めるため，児童にとって身近な題材を扱うこととした。

・How many acorns? クイズ

箱の中に入ったドングリがいくつあるかを児童が予想する。指導者がいくつかのドングリを手に取って見せたり，箱を振って音を聞かせたりしながら，児童とやり取りをすることで，数の言い方や尋ね方を繰り返し聞いたり言ったりすることができるようにする。

T：Look!（箱を見せながら）How many acorns in this box? Please guess!

Ss：Five! / Ten!

T：Five? / Ten?

Ss：A hint, please!

T：OK. Let's listen.（箱を振り，音を聴かせる）How many acorns?

Ss：Ten! / Fifteen! / Eighteen!

図1　How many acorns? クイズ

T：OK. Let's count. How many acorns?

T&Ss：One, two, ... fifteen!

T：That's right. Good job!

《代案》

　児童のこれまでの学習経験を生かし，下級生が育てている野菜の数など
を扱い，楽しみながら数の言い方や尋ね方に繰り返し慣れ親しませる。

　〈本単元で扱うクイズの例〉

A．How many tomatoes? クイズ

　学校園で育てているトマトの写真の一部を示し，実っているトマトの数
を児童に予想するよう伝える。その後，写真を見せ，児童と一緒にトマト
の数を数えながら答えを確かめる活動を通して，繰り返し数の言い方を聞
いたり言ったりすることができるようにする。

B．How many marbles? クイズ

　箱に入ったビー玉を指導者や児童が片手でいくつつかむことができるか
を児童が予想する。ビー玉の大きさを見せたり，指導者と児童の手のひら
の大きさを比べたりしながら，指導者と児童がやり取りをしながら児童の
発話を引き出し，数の言い方や尋ね方を繰り返し聞いたり言ったりするこ
とができるようにする。

C．他教科関連クイズ

　生き物の足の数や地図の中の地図記号の数等，他教科等の学びを生かす
ことも考えられる。

④コミュニケーション・自己表現活動：Activity（24分）

　児童同士で How many? クイズを出し合い，数を尋ねたり答えたりして
伝え合う。なお，本活動では，児童が単元を通して親しんできたクイズを
扱い，これまでの学習を生かし，見通しを持って活動ができるようにす
る。活動を始める前には，本時のめあてを再度確かめ，相手にわかりやす
く伝え合うために大切にしたいことを全体で共有する。なお，この時点で
は，児童から出た考えを中心に伝え合いの工夫（clear voice など）につい
て整理し，まず活動してみることを大切にする。その後，中間評価におい
て，児童の気付きや指導者の見取りをもとに新たな工夫を共有すること
で，よりよい伝え合いをめざし，児童が主体的に学習に取り組むことがで

きるようにしたい。

【前半】（10分＋中間評価4分）

1）学級の半数の児童はペアを作り，前半のクイズコーチ（C）として活動する。残りの児童は，プレーヤー（P）となり，各ペアが出題するクイズに答える。役割は，前半と後半で交代する。

2）Cの児童は，ペアで相談して，出題するクイズを選ぶ。クイズは，どのペアにも3種類（How many tomatoes?クイズ・How many marbles?クイズ・How many acorns?クイズ）を用意しておき，そのつど選択できるようにしておく。

〈How many marbles?クイズのやり取りの例〉

C：Hello.	P：Hello.
C：（ビー玉をつかみ）How many ?	P：Nine.
C：OK. One, two, … nine. Good!	P：Thank you.

3）音楽の合図で前半の活動を終え，中間評価（4分）をする。

【後半】（10分）

前半の活動や中間評価をもとに，よりよいやり取りをめざして活動する。

《代案》1つのペアが複数のクイズを扱うことが難しければ，ペアごとに扱うクイズを1つとするのも一案である。

⑤振り返り（5分）

本時のめあてや振り返りシートの項目を全体で確認し，本時の学習を振り返るよう伝える。

6　指導上の留意点

外国語活動の学習が始まって間もない3年生の児童が使用できる言語材料は限られているが，それらを使って指導者や友達とコミュニケーションを図る楽しさを味わうことができるようにしたい。そのため，本単元のクイズ活動では，数の言い方や尋ね方だけでなく，相手を認めたり励ましたりする簡単な表現についても触れ，慣れ親しむことを大切にしたい。

3節 「イロ・いろ・クイズ！」(Let's enjoy quiz time!) (第3学年)

　文部科学省共通教材 *Let's Try! 1, 2* では，相手に伝わるように工夫しながら，クイズを出したり答えたりする活動が設定されている。中学年の児童は，なぞなぞやクイズを出したり，答えたりするのが大好きである。ここでは英語学習経験が少ししかない2年生の児童に，外国語活動の学習成果を発表し，英語のクイズ大会を楽しんでもらうという，相手意識をもったクイズの活動を設定する。

1　単元目標
　英語でクイズ大会を行うため，2年生の児童に伝わるように表現のしかたを工夫しながら，身近にある動植物，昆虫，果物や漢字などについて，日本語と英語の音の違いに注意して，クイズを出したり答えたりしあう。

2　主な表現及び語彙
・表現：What's this? Hint, please. It's a (fruit). It's (green). It's (a melon). That's right. etc.
・語彙：it, hint, an, quiz, sea, 形態 (big, small), 形 (square, rectangle, star), 色 (red, blue, green, yellow, pink, black, white, purple, etc.)
　[既出] I like (dogs). Do you like (dogs)? Yes, I do. / No, I don't. No. Sorry. 数 (1 ～ 30), 果物・野菜, 飲食物, 植物, 動物, など

3　単元計画 (5時間)

時	目標	主な活動　○評価規準 (方法)
1	・身の回りのものの言い方に慣れ親しみ，あるものが何かを尋ねたり答えたりする表現を知る。	・映像資料を視聴し隠れているものが何かを考える。 ○あるものが何かを尋ねたり答えたりする表現を聞いたり言ったりしている。(行動観察)
2	・身の回りのものの言い方や，あるものが何かを尋ねたり答えたりする表現に慣れ親しむ。	・3つのヒントの音声を聞いて，それが何かを考えて答える。 ○あるものが何かを尋ねたり答えたりする表現を聞いたり言ったりしている。(第1時に同じ)

3	・あるものが何かを尋ねたり答えたりするクイズに答える。	・映像，音声をヒントに，それが何かを考えて答える。 ○あるものが何かを尋ねたり答えたりする表現を聞いたり言ったりしている。（第1時に同じ）
4	・指導者が出したクイズや教科書のクイズを参考に，グループごとにクイズ大会の準備や練習を行う。	・これまでに行ったクイズからグループで1つ選び，絵カードを準備して出題する。 ○あるものが何かを尋ねたり答えたりする表現を聞いたり言ったりしている。（第1時に同じ）
5 (本 時)	・あるものについて尋ねたり答えたりして伝え合ったり，相手に伝わるように工夫しながら，クイズを出したり答えたりしようとする。	・グループごとにクイズを出し合う。 ○相手に伝わるように工夫しながらクイズを出したり答えたりしている。（行動観察，振り返りシート）

4　準備物

　植物の種クイズの絵カード（ヒマワリ，アサガオ，カボチャなど）

5　本時の展開（5/5時）

　児童は，前時までに，Let's Play，Let's Chant，Activity などの活動を通して，あるものが何かを尋ねたり，答えたりする表現に慣れ親しんでいる。本時は，それらを活用して，2年生の児童を対象に，さまざまな形式の What's this? クイズを出題する活動を行う。英語に触れる経験の少ない2年生を相手に，どうしたらわかりやすく楽しいクイズを出題することができるかを考える際に児童の思考が働く。本時の流れは以下の通りである。

①挨拶，復習と練習：Small Talk（5分）

　指導者は，前時までの復習を兼ねて，あるものが何かについて，理科の学習と関連させた「植物の種クイズ」を出題する。

T：Question No.1. "What's this?"（ヒマワリの種の写真を提示する）

S1：あっ，ヒマワリの種。

T：Yes. How do you say " ヒマワリ " in English?

Ss：....

T：（黒板に右のような太陽とヒマワリの絵を描いて）

S2：Sun...

T：Good guess. It's a sunflower. So, ヒマワリの種 is a "sunflower seed." (他の植物の種に関する問題も出す)

②慣れ親しませる活動：Let's Chant（4分）

単に音源の後についてリピートさせるだけでなく，次の例のように，ヒントとなるジェスチャーを付けながら，ペアで掛け合い形式のチャンツにすると，動作に伴ってスムーズに表現が出てくるようになる。

S1：What's this? What's this? What's this?

（両手を広げ，「これ，何？」というジェスチャーをする）

S2：It's <u>a dog</u>. It's <u>a monkey</u>. It's <u>a tiger</u>.

（グループで考えた，<u>犬</u>と<u>サル</u>と<u>トラ</u>のジェスチャーをする）

S1：Wow, that's right.（thumbs up しながら，笑顔で）

＊下線部は，慣れてきたら別のものと，別のジェスチャーに変えて行う。

③コミュニケーションへの橋渡し活動：Let's Talk!（8分）

クイズの基本的な流れをペアで練習をさせる。その際，問題を出す役と，答える役に分かれ，交代しながらどちらの役も経験させる。わからないときのヒントになるよう，黒板には図1のようなやり取りのカードをはっておく。ただし，文字を読ませることはせず，流れを視覚的に理解させることを目的とする。

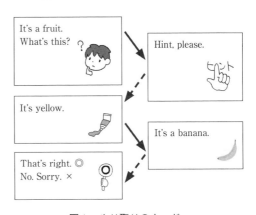

図1　やり取りのカード

《代案》"What's this?" クイズのやり取りを児童同士で行うのがまだ難しい場合には，指導者がヒントを言い，児童はグループで協力してカルタ取りを行う。

④コミュニケーション・自己表現活動：Activity（18分）

【前半】（9分）

1）クイズの発表は4人1組のグ
　ループで行う。発表の形態は児童
　の人数やクラスの実態に応じて工
　夫をする。聞かせる相手が2年生
　であることを考えると，図2のよ
　うに発表者である3年生が移動す
　ると混乱が少ない。

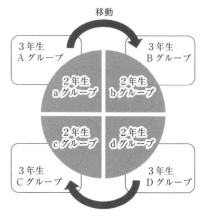

図2　活動形態

《代案》グループの数が多かった
り，できるだけ移動を避けたい場合
は，グループごとに黒板の前に登場
し発表会形式で行ってもよい。

2）クイズ発表者以外の児童も，I see. Hint, please. Good job. などの反応
　を言うようにすると，クイズが盛り上がるし，参観している2年生の学
　びにもつながる。

3）クイズの内容によって，英語の言い方やヒントはさまざまだが，以下
　にクイズの出題と進め方の1例を示す。

例）名探偵クイズ（袋に入れたものをにおいや感触で当てる。）

　（全員）：Hello. Please enjoy "what's this?" quiz.

　S1：（布の袋に入れたものを見せて）What's this?

　（2年生）：なんだろう？

　S2：Hint, please. って言ってみて！せーの，

　（2年生）：Hint, please.

　S2：It's a fruit.

　（2年生）：リンゴかな？

　S3：No. Sorry. Not an apple. It's yellow.

　（2年生）：バナナかな？

　S4：No. Sorry. Not a banana. Smell it, please.

　（2年生）：あっ，レモンじゃない？

　（全員）：Yes, that's right. It's a lemon.

《代案》

A．拡大クイズ：昆虫の写真の一部を Max 拡大表示して見せて尋ねる。

B. エア漢字クイズ：2年生の知っている漢字を空に指で書いて尋ねる。
C. 動植物クイズ：動物や植物の写真などを，4分の1に折って見せ尋ねる。

4) 区切りのよいところで児童を着席させ，うまくできたところや，伝わりにくかったところなどを短時間で中間振り返りを行い発表させる。2年生の児童に感想などを聞いてもよい。時間があれば，グループで短く話し合い，改善案を決める。

【後半】（9分）

5) 中間振り返りを踏まえて，相手に伝わりやすく盛り上がるクイズ大会になるよう，後半のクイズを再開する。

⑤まとめの活動（5分）

特に上手にやり取りをしていたグループを選び，全員の前で再度クイズを出題させる。その際，見ている児童には2年生にわかりやすく伝えるための工夫や，クイズを盛り上げるための工夫について，気付いたことを発表させる。

⑥振り返り・歌（Goodbye Song）（5分）

振り返りシートに，「2年生にわかりやすいよう配慮しながらクイズを出題することができたか」「クイズを盛り上げるための工夫をすることができたか」を3〜4段階で評価させる。また，他のグループのやり取りのよい点や外国語への気付きなどを文章で書いて発表させる。この単元全体を通じて，新たにできるようになったことなども書かせるとよい。

6 指導上の留意点

英語のクイズを，単に一問一答の形式的なやり取りだけで終わってしまっては児童の学びは少ない。クイズ大会を盛り上げるために，ヒントを出す順番を考えたり，2年生の児童に伝わりやすいよう既習の言語材料をうまく組み合わせたりするなど，3年生なりに相手意識を持った表現を工夫させることで，より深い思考を伴った言語活動にすることができる。また，児童の実態によって，1人でヒントを考えることが難しい場合には，グループで協力して意見を出し合い，協働的に学び合うことも効果的である。

4節 「あなたはだあれ？」(Who are you?)（第3学年）

　本単元は，動物を題材とし，短い話のおおよその内容をつかんだり，学んできたことを生かして表現したりすることを目的としている。

　低学年の生活科や国語，道徳，理科でも生き物の学習をしてきた3年生の児童にとって，動物は身近な題材である。これらのことから，児童の興味・関心のある動物や他教科での学びを生かすことのできる動物を取りあげ，児童の学びが横断的にも広がったり深まったりすることができるよう展開していきたい。

　文部科学省共通教材 *Let's Try!* 1 Unit 9では，ゴールの活動として「物語の中の好きな台詞をまねて言う」活動が設定されている。しかし，本単元では，蓄積してきた情報を児童が自ら選択し，創造力豊かに劇を作り，発表する活動としたい。そのために，それまでの学習で劇作りの参考となる絵本や動物の特徴を捉えられる活動を取り入れるようにする。自由に創作する活動を通して，児童自身が表現の楽しさを味わえるようにしたい。

1　単元目標
　オリジナル劇を英語で発表するために，短い絵本を聞いておおよその内容をつかんだり，相手に伝わるように劇を作って発表したりする。

2　主な表現及び語彙
・表現：Are you（a dog)? Yes, I am. / No, I'm not. Who are you? I'm（a dog). I live in（Africa).
・語彙：動物（monkey, alligator, elephant, etc.），昆虫（beetle, butterfly, etc.），食べ物（meat, fish, grass, etc.），形態・状態（long, big, small, cute, cool, beautiful, strong, etc.），身体の部位（eyes, ears, nose, mouth, etc.）
［既出］挨拶・自己紹介，I like（dogs). Do you like（dogs)? Yes, I do. / No, I don't. What animal do you like?　What's this? It's（a dog). Who am I? Hint, please. 色，形，状態・気持ち，果物・野菜

3 単元計画 (5時間)

時	目標	主な活動　○評価規準（方法）
1	・動物の特徴を考えながら，誰かと尋ねたり答えたりする表現に慣れ親しむ。	・動物の赤ちゃんや昆虫の卵，成長段階の写真を見ながら，Who am I? I'm（a kangaroo).などの表現を繰り返し聞く。 ・*Hungry Caterpillar* や *Brown Bear, Brown Bear, What Do You See?* の絵本を聞きながら，指導者と内容のやり取りをする。 ○動物の赤ちゃんについて反応しながら聞き，尋ねたり答えたりしている。（行動観察，ワークシート，振り返りシート）
2	・動物の特徴を考えながら，誰かと尋ねたり答えたりする。	・動物の身体の一部の写真を見ながら，Who am I? I'm（a bear).などの表現を繰り返し聞き，好きかどうか自分の意見を言う。 ・動物の好きな食べ物についてのやり取りを行う。 ・ジェスチャーゲームをして，どんな動物かを当てる。 ○動物の身体の一部を表す語彙やそれがどんな動物かを尋ねたり答えたりする表現に反応しながら聞いている。（第1時に同じ）
3（本時）	・日本語と英語での動物の鳴き声の違い，主たる生息地や食べ物を知り，誰かと尋ねたり答えたりする表現に慣れ親しむ。	・動物の鳴き声を聞いて，グループで協力し，その動物名を尋ねたり，答えたりする。 ・指導者が提示する動物の主たる生息地について世界地図を見ながら考えて答える。 ・Who am I? クイズを行う。 ○動物の鳴き声の違いや生息地，食べ物などの違いについて考えている。（第1時に同じ）
4	・動物の鳴き声，食べ物，生息地，色や形などをヒントとするクイズ形式の劇作りを行う。	・グループに分かれて劇作りをする。 ○これまで学習した内容を組み合わせながら，劇を作ろうとしている。（第1時に同じ）
5	・動物についての劇を反応しながら聞くとともに，相手に伝わるように劇を発表しようとする。	・相手意識を持って，劇を発表する。 ・各グループの発表から学んだことや考えたことをワークシートに記入する。 ○友達の発表について感想を書いたり，相手に伝わるように発表したりしている。（第1時に同じ）

4　準備物

絵カード，動物の赤ちゃんの写真（カンガルー，カラスなど児童の驚きが予想できる動物を選ぶ），昆虫の卵や成長段階の写真（カブトムシ，蝶など生活科や理科の学習と関連する生き物を選ぶ），動物の身体の一部の写真もしくは画像をはり付けたパワーポイント，動物の鳴き声の音源，世界地図，ワークシート

5　本時の展開（3/5時）

　児童は，本時までに動物の赤ちゃん，昆虫の卵や成長段階，動物の身体の特徴について学習している。本時では，世界にも目を向け，異文化を感じられるよう，鳴き声の違いや主たる生息地について考える活動を行う。また，表現や内容が深まるように，動物の食べ物についての活動も取り入れる。

　児童は単元のゴールの活動となる劇の発表を意識しながらこれまで学習を積み重ねており，自分が演じたい動物についての必要な情報を整理したり，自ら調べたりしてワークシートに記入している。その情報を活用して，劇作りのもととなるやり取りを行い，次時の劇の準備や練習につなげていきたい。

　本時の流れは，以下の通りである。

①挨拶，ウォームアップ，めあての確認（5分）

　前時の Who am I? クイズを 2 つほど行う。めあての確認で，本時の最後には，より詳しい Who am I? クイズを作ることを伝え，見通しをもたせる。

②導入（5分）

　Let's Try! 1 Unit 9 を聞く。独自の単元構成で，さらに ALT との TT でない場合，児童にネイティブの音声を聞かせる機会がなくなってしまうため，ここでは，*Let's Try! 1* Unit 9 の音声を Let's Listen として活用する。その際に，隠れている動物を推測させ，動物の特徴にも着目させる。

③慣れ親しませる活動（5分）

　前時までに学習した内容をチャンツ（筆者作）で復習する。

I'm a baby. I'm a baby. I'm very small.

I'm brown. I'm brown. I'm very cute.

I like grass. I like grass. I don't like meat.

Who am I? 　Who am I? 　Who am I?

—Are you a kangaroo?

—Yes, I am.

—Oh, great!

《代案》

前時でも行ったジェスチャーゲームを行う。

【進め方】

1）　1人が前に出る。

2）　動物の絵カードを2人に1セット配布し，机に並べさせておく。

3）　前に出た児童が動物のジェスチャーをする。

4）　見ている児童は，そのジェスチャーのみで動物のカードをペアの友達と相談して選び，選んだカードが見えるように上に挙げる。

5）　すべてのカードが挙がったら，指導者が "One, two." と合図をし，ジェスチャーを見ている児童は全員で "Who are you?" と尋ねる。

6）　ジェスチャーをした児童は，"I'm a snake." などと答える。

7）　ジェスチャーをした児童が次の児童を指名する。

④自己表現を広げる橋渡し活動（18分）

1）　動物の鳴き声を聞いて，何の動物かを考えて答える。
　　英語と日本語での鳴き声の違いを知る。

2）　世界地図を見ながら，動物の生息地を考えて答える。

3）　食べ物は何かを考えて答える。

やり取りする際の英語表現は，"What animal?" – "Cats?" "Where?" – "Australia?" "What do I like?" – "Grass?" などとし，クイズの際に，鳴き声を言ったり，"I live in（場所）." "I like（食べ物）." が言えたりするようにインプットを行っていく。

⑤コミュニケーション活動（7分）

　④の1）～3）の情報とこれまでの学習内容を含めて，Who am I? クイズを作り，友達とやり取りを行う。

Who am I? クイズを作ろう　Class＿＿＿＿＿　Name＿＿＿＿＿＿＿＿＿＿＿＿＿

① 動物の鳴き声を聞いて，何の動物かを考えよう。

英語での鳴き声（音声）	日本語での鳴き声	動物名
bow wow		
meow, meow		
tweet, tweet		
quack, quack		
squeak, squeak		

② 動物の生息地を考えて，線で結ぼう。

panda

camel

lion

dolphin

elephant

koala

③ 動物の食べ物を考えよう。

食べ物	動物名
meat	
fish	
grass	
その他	

図1　「Who am I? クイズ」ワークシート

⑥振り返りと終わりの挨拶（5分）

　鳴き声の表し方や動物と生息地の関係，食べ物などからの気付きを共有し合う。

6　指導上の留意点

　動物の鳴き声の音源を用意したり，世界地図を用意したりして，視覚・聴覚的にもわかりやすい学習を心がけたい。

5節 「いい天気だね。鬼ごっこしようよ！」

(It's sunny. Let's play tag!)（第4学年）

　本単元は，天気に応じた遊びに友達を誘うやり取りから，海外の遊びの中から遊んでみたいものを選び，誘い合うやり取りへ，さらに全員で選んだ1つの遊びを実際に楽しむことへと展開する。「遊びたい」という気持ちが，英語を集中して聞く態度を育てる。また遊びの中で使う英語表現は運用表現として児童に体得される。好きな遊びのランキング作りが目的ではなく，自分の意見を主張したり，友達の意見を尊重して妥協したり，相手意識を持ってやり取りしながら意見をまとめていくことを大切にする。

1　単元目標

　天気や好きな遊びについて尋ねたり答えたりして伝え合い，相手に配慮しながら，互いのしたい遊びに誘う会話のやり取りをする。

2　主な表現及び語彙

・表現：How's the weather? It's（sunny）. Let's（play tag）. Yes, let's. Sorry. Stop. Stand up. Put on your（cap）. Take your（umbrella）. etc.

・語彙：天候（weather, sunny, rainy, cloudy, snowy），状態（hot, cold, warm, cool），動作（sit, jump, run, play, etc.），遊び（tag, game, jump rope, etc.），衣服・持ち物（shorts, coat, boots, cap, umbrella, etc.）

　［既出］I like（sunny days）. Do you like（rainy days）? What 〜 do you like? etc. 身体の部位，色，スポーツなど

3 単元計画 (4時間)

時	目標	主な活動　○評価規準（方法）
1	・天気や遊びを通して，自分の住む地域と他地域・世界の共通点と相違点に気付く。 ・天気や遊びの言い方を知る。	・日本や世界の天気や遊びを視聴し，共通点と相違点を考える。 ・天気や遊びの言い方を聞いたり，繰り返したりする。 ○地域や世界の共通点や相違点に興味を持って，天気や遊びの言い方を声に出している。（行動観察）
2	・天気や遊びの言い方に慣れ親しみ，さまざまな動作を表す語句や，遊びに誘う表現を知る。また，天気に応じた衣服や持ち物を薦める言い方に慣れ親しむ。	・天気について尋ねたり答えたりする。 ・天気に適した遊びに友達を誘ったり，誘いに答えたりする。 ・動詞を使って 'Let's' Game をする。 ・天気に応じた衣服などを薦める言い方を聞く。 ○天気に適した，自分がしたい遊びに友達を誘ったり，誘いに答えたりしている。（第1時に同じ）
3	・天気の言い方に慣れ親しみ，好きな遊びについて尋ねたり答えたりして伝え合い，自分の好きな遊びに友達を誘ったり，誘いに答えたりする。	・天気に適した好きな遊びについて尋ねたり答えたりし，好きな遊びに友達を誘ったり，誘いに答えたりする。 ・天気や遊びに応じた衣服や持ち物を薦める言い方を言う。 ○天気について伝え合い，好きな遊びについてやり取りし，遊びに誘ったり，誘いに答えたりしている。（ワークシート，行動観察）
4 （本時）	・相手に配慮しながら，世界の遊びの中で自分のしたい遊びに友達を誘おうとする。	・世界の遊び（鬼ごっこなど）を知る。 ・指導者が紹介する世界の遊びの中から，遊んでみたい遊びを選んで友達を誘う。 ○相手に配慮しながら，自分がしたい遊びに友達を誘い，意見のやり取りをしている。（行動観察，振り返りシート）

4 準備物

　世界地図，絵カード（天気，遊び，衣服など），ワークシート（好きな遊びと必要な衣服を描く），イラスト（狼・羊，漁師・魚，警察官・泥棒など）

5 本時の展開 （4/4時）

　前時までに，児童は，天気に応じた好きな遊びについて，尋ねたり答え

たりし，好きな遊びに友達を誘ったり，誘いに答えたりすることに慣れ親しんでいる。本時は，国際理解に焦点を当て，世界の遊びを児童に紹介し，前時までに慣れ親しんだ表現を使って，遊んでみたい遊びを選んで友達を誘うやり取りを行う。その際，自分の意見を主張したり，友達の意見を尊重して妥協したり，相手意識をもってやり取りしながら意見を1つにまとめていくことを大切にする。

①挨拶，世界の遊びのクイズ（7分）

　遊びにちなんだスリーヒントクイズを行う。指導者は，世界地図とイラスト（狼・羊，漁師・魚，鷹・小鳥，警察官・泥棒）を用意し，クイズの流れに沿って世界地図上の国を指したり，イラストを黒板にはったりして児童の意味理解を助けながら，次のように進める。

　I know you like dodgeball, soccer, card games, *kendama*, and so on（クラスの児童が好きな遊びを言う。）. Let's do 3-hint-quiz! Guess what game it is.

Hint 1：In the U.S.A, it is called "Wolf and Sheep."

Hint 2：In Hungary, it is called "Fisherman and Fish."

Hint 3：In Taiwan, it is called "Hawk and Bird."

What is it? You like this game. Who knows the answer? No one?

Okay, I'll give you the last special hint. In Japan, it is called "Police Officer and Thief."（児童から，"Tag." もしくは「鬼ごっこ」「ケイドロ」という声があがる。）

That's right! The answer is "tag." These are the names of tag game in the world. What do you think of the difference of the names?

　日本では通常「ケイドロ」と呼ばれ，児童に人気の鬼ごっこが世界にもあることに気付かせ，国によって名称が違うことに興味を持たせたい。児童に名称の共通点について考えてもらい，「捕まえるもの」と「逃げるもの」から連想するものが国によって違うことに気付かせたい。

②世界の遊びの紹介（10分）

　世界の遊び（表1）を紹介する。準備物不要で教室でもできる遊び4つ

である。休憩時間もしくは昼休みなどに，どれか1つを実際に行うことを児童に伝え，遊びたいものを心の中で選ぶように言う。Do you want to know other games in the world? I'll introduce to you some other games.

表1　世界の遊び

🦆 Duck, Duck, Goose（ダック，ダック，グース）「あひる，あひる，がちょう」

　アメリカ，オーストラリア，ニュージーランドなど英語圏をはじめ，ガーナなどでも遊ばれている。輪になり，1人がキツネになる。キツネは，輪の外側を，"Duck!"と言いながら児童の背中をタッチしながら歩く。キツネに "Goose!" と言われてタッチされた児童は，キツネを追いかけタッチし返す。自分の元の場所に戻るまでにタッチできなかったら次のキツネになる。
〈遊びの説明〉Make a circle. One of you will be the fox. The fox will walk outside the circle tapping each one's back, saying "Duck!" When the fox taps your back and says "Goose," (not "Duck") you stand up and try to tag the fox before the fox can take your place in the circle.

🐝 Buzz Game（バズ・ゲーム）「蜂がブンブン」

　アメリカの遊び。英語圏で広く親しまれている。"Buzz" は蜂の羽音である。数字を1から順番に一人ずつ言い，あらかじめ決めた数字に当たった人は数字を言わずに "Buzz" と言う。本来は7の倍数や1の位に7の付く数字を使うが，教室では児童の既習数字に応じて，例えば1〜20の場合は5の倍数にするとよい。クラス全員でも，小グループごとでも楽しめる。
〈遊びの説明〉You say numbers one by one. The first student says "one," the second student says "two," the third students says "three," and so on. The goal of the game is to count from 1 to 20. There are a few numbers you cannot say, 5 and multiples of 5. Instead, you say "buzz." If you make a mistake, you are out.

🚥 Red Light, Green Light（レッドライト，グリーンライト）「赤信号，青信号」

　「だるまさんがころんだ」に似た遊びは世界にある。遊びの分類としては Statues Game（彫像遊び）に含まれ，名称や掛け声は各国異なる。ここでは，信号の色が掛け声のものを紹介する。
〈遊びの説明〉One student, who is 'it,' stands in the front of the room. The others stand in the back of the room. 'It' stands facing them. 'It' faces away and says "Green light!" The others walk forward until 'it' turns back and says "Red light!" The students who keep moving are out. The first one to touch 'it' wins the game and becomes the next 'it.' ('it' は「オニ」役を示す)

🛳 Port & Starboard（ポート＆スターボード）「左舷，右舷」

　英語圏の遊び。教室を船に見立て，1人が船長，他は全員乗組員になり，船長の掛

け声で教室を移動する。遅い人から抜けるルールだが，クラスでは全員で移動を楽しむ遊びにするとよい。

〈遊びの説明〉You are in a big boat. This classroom is the boat. One of you are the captain and the others are the crew. Move as the captain says.

"Left!"（教室の左方に移動）"Right!"（教室の右方に移動）"Front!"（教室の前方に移動）"Back!"（教室の後方に移動）"Captain's coming!"（その場に直立不動）"Row the boat!"（ペアになり，向かい合って手をつなぎ，船をこぐジェスチャーをする。）

なお，掛け声は，日本の児童に理解しやすいように，既習語彙を主として用いて変更している。

③復習兼導入（10分）

②で紹介された遊びの中から，遊びたいものを選び，前時の表現を使ってペアで誘い合うやり取りの例 | デモ1 | を聞く。次に，そのペアが別のペアを誘うやり取りの例 | デモ2 |（4人の会話）を聞く。

| デモ1 |（T1とT2の会話）

T1：It's cloudy. Let's play in the classroom.

T2：Okay. I like 'Port & Starboard.' Do you like 'Port & Starboard'?

T1：Yes（, I do）. I like 'Port & Starboard.' Um…, I like 'Duck, Duck, Goose,' too. Do you like 'Duck, Duck, Goose'?

T2：No（, I don't）. Sorry. Do you like 'Red Light, Green Light'?

T1：Yes（, I do）. I like 'Red Light, Green Light.'

T2：Good. Let's play 'Red Light, Green Light.'

T1：Yes, let's!

| デモ2 |（T1とT2は，S1とS2を誘う）

T1&T2：Oh, it's rainy! Let's play in the classroom.

S1&S2：Yes, let's.

S1：I like 'Buzz Game.'

S2：I like 'Buzz Game,' too. Do you like 'Buzz Game'?

T1：Yes, I do. I like 'Buzz Game.'

T2：No（, I don't）. I don't like 'Buzz Game'. Sorry. I like 'Red Light, Green Light.' I like "Port & Starboard,' too.

S1：I like 'Red Light, Green Light.'

S2：I like 'Red Light, Green Light,' too.
S1&S2 ：Let's play 'Red Light, Green Light.'
T1&T2：Yes, let's!

④コミュニケーションへの橋渡し活動（5分）

　ペアで③の デモ１ の例のように会話をし，２人の意見を交わして１つの遊びを選ぶ。次に，近くのペアと デモ２ の例のように会話をし，４人の意見を交わして１つの遊びに絞る。

《代案》準備活動―ゲームの名前を覚えよう！

　５つのゲームの名前が覚え難い場合は，ゲーム名が連想できるイラストカード □ □ □ □ を黒板にはり，指導者の後について言う。ミッシングゲームをしてもよい。次に指導者は，各カードについて，"I like（'Buzz Game'）. / I don't like（'Buzz Game'）. Do you like（'Buzz Game'）?" と児童が⑤で使う表現をさりげなく何度も聞かせ，⑤にスムーズにつなぐ。

⑤コミュニケーション活動：クラスで遊ぶ遊びを決めよう！（10分）

　教室を自由に動き，出会った人とペアになり③ デモ１ のようにやり取りする。次に，別のペアと③ デモ２ のようにやり取りする。やり取りした人同士はグループになり，他のグループとやり取りし，最終的にクラスで１つの遊びに絞られるまで続ける。１つに絞った遊びは，休憩時間か昼休みなどに，児童と指導者で一緒に遊ぶ。

⑥まとめと振り返り（3分）

　日本の遊びと世界の遊びについて気付いたことや，他の人とやり取りをして１つのものを選ぶ中で気付いたことを話し合う。

6　指導上の留意点

　②の〈遊びの説明〉の際は，指導者は児童に英語での説明を長々と聞かせるのではなく，英語で説明しながら遊び方を「やって見せる」とよい。

6節 「みんなの好みを知ろう：クラスカードつくり」

(Know your friends!)（第3学年）

文部科学省共通教材 *Let's Try! 1, 2* では，好きなものを伝え合う活動が設定されている。児童が，英語で好きなものや好きでないものを発表したり，相手の好きそうなものを推測しながらインタビューをする活動などが考えられるが，ここでは友達の好きなものを尋ねて得た情報から，共通点や相違点，友達の意外な一面を知るとともに，みんなで1つの教室掲示用クラスカード（模造紙1枚）を作る活動を設定する。

1 単元目標

みんなの好みを知り，クラスカードを作るために，何が好きかを尋ねたり答えたりする表現に慣れ親しみ，相手に配慮しながら，自分の好きなものを伝え合う。

2 主な表現及び語彙

・表現：I like 〜. I don't like 〜. Do you like 〜? Yes, I do. / No, I don't.
What［color / sports / food / fruits, etc.］do you like?
This is for you. Here you are. Thank you.

・語彙：スポーツ（volleyball, tennis, soccer, etc.），飲食物（hamburger, steak, orange juice, etc.），果物・野菜（grapes, kiwi fruit, tomato, etc.）
［既出］色，動物

3 単元計画（4時間）

時	目標	主な活動　○評価規準（方法）
1	・色，スポーツ，飲食物，果物・野菜，動物などの日本語と英語の言い方の共通点と相違点に気付くとともに，何が好きかを言う表現を知る。	・色，飲食物などの英語を発音し，日本語との違いに気付く。 ・ペアで好きなものを言い合う。 ○自分の好きなものが言える。（行動観察）

2	・色，スポーツ，飲食物，果物・野菜，動物などの単語を繰り返したり，好きなものを尋ねたり答えたりする表現に慣れ親しむ。	・好きなものを話している会話を聞く。 ・ペアで好きなものを尋ねたり答えたりし合う。 ○単語の意味，話の内容がわかる。（行動観察，ワークシート）
3	・自分や相手の好きなものを尋ねたり答えたりして伝え合う。	・相手の好きなものを予想して，尋ねたり答えたりして伝え合う。 ○好きなものについて伝え合える。（第2時に同じ）
4 （本時）	・やり取りを通して，友達の好みについて意外な一面を知る。	・自分の意外な一面を紹介し合う。 ○やり取りを通して友達の好みを知る。（ワークシート，振り返りシート）

4 準備物

Let's Try! に付属の色，スポーツ，飲食物，果物・野菜，動物などの絵カード，自己紹介用ワークシート，音声教材，反応カード

5 本時の展開（4/4時）

児童は，前時までに，Let's Watch and Think, Let's Chant, Let's Listen などの活動を通して，好きなものの言い方，尋ね方や答え方などの語彙や表現に慣れ親しんでいる。本時は，それらを活用して，相手の好きなものを尋ね，インタビュー活動から得られた友達の意外な一面や情報を頼りに，誰のことを言っているのかを考えるクイズ形式の活動を行う。本時の流れは以下の通りである。

①挨拶，復習兼導入：Small Talk（4分）

指導者は，前時の復習を兼ねて好きなものや嫌いなものについて児童と口頭のやり取りを通して導入を行う。

Good morning, everyone. Do you like rice balls? I like rice balls very much. I eat rice balls and miso soup for breakfast every day. Do you like rice balls? What kind of rice balls do you like? *Umeboshi*, salmon or *sake* or *kombu*? Who likes salmon? Oh, you like salmon. Me, too. How about *umeboshi*? Oh, you don't like *umeboshi*.

②慣れ親しませる活動：Let's Chant!（4分）

この単元ではスポーツ，飲食物，果物・野菜の好き嫌いを尋ねる表現に慣れ親しませるために，チャンツを用いて繰り返し楽しく練習する。例えば，次のように単語を変えて，リズムを付けながら児童に言わせて表現の習熟度を確認したい。

What food do you like? What food do you like?

I like spaghetti. I like pudding. I like spaghetti and pudding.

What food do you like? What food do you like?

I like beef steak. I like ice cream. I like beef steak and ice cream.

Wow! Nice party!

③コミュニケーション・自己表現への橋渡し活動：Let's Talk（6分）

　好きなものについて，ペアでやり取りをさせる。その際，飲食物，果物・野菜，スポーツは必ず1つずつ尋ねるように言う。また，既習の色，動物なども入れて考えさせる。尋ねたり答えたりするときは相手の目を見て，相手が聞き取れるようにはっきり伝えるように促す。児童がわからないときにヒントが得られるように，黒板には表現と単語カードをはっておくとよい。

S1：What food do you like?

S2：I like pizza. What food do you like?

S1：I like hamburgers.　What sport do you like?

S2：I like tennis. What sport do you like?（以下略）

④コミュニケーション・自己表現活動：Activity（20分）

【前半】（10分）

1）いつも一緒に過ごす友達の新たな一面を知るために，児童に自分が好きなもので，友達が好きだとは思っていないと思うもの（友達が意外だと思うもの）を，できるだけ多く絵または日本語でカードにかかせる。その際，なぜ好きなのか理由も考えさせておく。わからない単語があれば，先生に尋ねる。なお，カードは授業の最後に集めて，みんなで1枚の大きなクラスカードを作成し，後ろの黒板に掲示することを告げておく。

《代案》カードにかかせる代わりに，広告の切り抜きなどを準備させておいてそれらをはらせてもよい。

2) 相手が言ったことに対してどのように反応すればよ
いか，以前に学習したことを思い出させて，絵と英語
をかいたカードを示しながら練習させておく（例：
Me, too. Why? It's nice / cool. など）。

Why?

3) 次に，ペアになり各自があらかじめ好きなものをかいたカードを用い
て，互いの好きなものを尋ね合い，情報を集めさせる。その際，相手の
答えに対して必ず反応させる。2つ聞いたら，役割を交代させる。な
お，活動の際，自分のカードは相手に見せないようにする。ただし，伝
えたい内容のジャンルがわかるように，カードの裏に日本語で「食べ
物」「スポーツ」などと書いておく（図1，図2参照）。相手はそれらを
ヒントにして尋ねる。

図1　「好きなもの」カード（表）

・食べ物
・スポーツ
・野菜
・動物

図2　「好きなもの」
　　　カード（裏）

例）S1：Hello. What food do you like?
　　S2：I like *katsumeshi*, cutlet and rice. It's yummy.
　　S1：Wow, nice. What sport do you like?
　　S2：I like badminton. It's fun.
　　S1：Me, too. I like badminton, too.

4) 時間が来て，区切りのよいところで児童を着席させ，友達の意外な好
みを知れたか，その理由を聞いたり，上手に反応ができたか，また，自
分の好みを相手がわかるように伝えることができたかなど，気付いたこ
とを発表させる。また言えなかった単語や表現などを尋ねさせる。時間
があれば，やり取りがうまくいっていたペアを全員の前で発表させる。

【後半】（10分）

5) 中間振り返りを踏まえて，より充実したコミュニケーション活動にな

るように励まし，やり取りを再開させる。

《代案》

A．インタビュー活動の代わりに，自分の好きなものを2つと好きでないものを1つかいた，前頁のような自己紹介カードを作成させ，グループで発表してもよい。しかしその場合も，友達が予想しない情報を入れさせるようにすると楽しい活動になる。

B．ペアになり，相手の好きなもの（例：クマ，バドミントン）を尋ね，カードにイラストをかいて（図3），相手に贈るという活動も考えられる。

図3　相手の好きなもののイラスト制作

⑤まとめの活動（6分）

全員からカードを集めて，数名の児童の好きなものを指導者が次のように Who am I? 形式で出題し，ペアで誰のことかを考えさせる。2ペアで4人グループになり，協力して考えさせてもよい。

例）Hello. I like *katsumeshi*. I like badminton. I like carrots. Who am I?

⑥振り返り・歌（The Rainbow Song），終わりの挨拶（5分）

振り返りカードに，相手に配慮しながら，自分の好きなものとその理由を伝えることができたか，友達の意外な一面を知るためにやり取りをうまく行うことができたかを3〜4段階で評価させる。また，やり取りでよかった点，友達の意外な一面などを書かせて発表させる。単元全体の目標についてできるようになったことなども書かせるとよい。

6　指導上の留意点

中学年では，好きなものやそうでないものについて，伝え合う活動は多いが，コミュニケーションを通して，友達の意外な好みを知ったり，クラスの児童の個性を再発見したりといった，他者理解につながるようにしたい。最後に教室に掲示することで，個性あふれるクラスカードが完成することであろう。また，相手の気持ちや好みを受け止めつつ，自分のことをわかりやすくはっきり伝えるにはどのようにすればよいかを考えさせたい。

7節 「オリジナルカレンダーを作ろう」（When is the event?）

（第4学年）

　文部科学省共通教材 *Let's Try! 2* Unit 3 では，曜日の言い方や曜日を尋ねたり答えたりする表現に慣れ親しみ，自分の好きな曜日について尋ねたり答えたりして伝え合う活動が設定されている。本単元では，月や曜日，行事の言い方に慣れ親しみ，友達の誕生日や地域の行事に関する情報がつまったオリジナルカレンダーを作るために，それらの月について尋ね合う活動を単元のゴールのコミュニケーション活動として設定する。児童の興味・関心を高め，主体的に学習に取り組むことができるよう，児童にとって身近な行事や，社会科や総合的な学習の時間などの他教科等の学びを生かした地域や日本の祭り，指導者や友達の誕生月などを題材とする。なお，本単元では，扱う単語を「月名・曜日名」にとどめているが，発展的な学習として，「日付」について扱うことも考えられる。

1　単元目標

　学級の友達の誕生月や各地の行事に関する情報を集めるために，相手に伝わるよう工夫しながら，ある行事がいつ行われるかを尋ねたり答えたりして伝え合う。

2　主な表現及び語彙

・表現：When is (the event)? It's in (April). What day is it? It's (Monday). Good job. Nice try. Try again. Really?

・語彙：月（January, February, etc.），曜日（Sunday, Monday, etc.），行事（*Setsubun* Festival, *Gion* Festival, etc.）

3　単元計画（5時間）

時	目標	主な活動　○評価規準（方法）
1	・月や曜日，行事の言い方について知る。	・HRT と ALT による地域の行事についてのやり取りを聞く。 ・歌 "Twelve Months" や "Days of the Week" を聞く。 ・ポインティングゲームをする。 ○月や曜日，行事の言い方を聞いてわかっている。（行動観察，振り返りシート）
	・月や曜日，行事の言い方に	・HRT と ALT による地域の行事についての

2	慣れ親しむ。	やり取りを聞く。 ・歌 "Twelve Months" や "Days of the Week" を歌う。 ・指導者の When is the event? クイズ（地域の行事）に答える。 ○月や曜日，行事を言っている。（行動観察）
3	・月を尋ねたり答えたりする表現に慣れ親しむ。	・HRT と ALT による日本の行事についてのやり取りを聞く。 ・歌 "Twelve Months" や "Days of the Week" を歌う。 ・指導者の When is the event? クイズ（日本の行事）に答える。 ○月を尋ねたり答えたりしている。（第2時に同じ）
4	・月を尋ねたり答えたりする表現を用いて伝え合う。	・HRT と ALT による日本の行事についてのやり取りを聞く。 ・友達と When is the event? クイズ（地域・日本の行事）をする。 ・伝え合いに向けた準備をする。 ○月を尋ねたり答えたりして伝え合っている。（第2時に同じ）
5 （本時）	・相手に伝わるよう工夫しながら，月を尋ねたり答えたりしようとする。	・指導者や友達と行事や誕生月についてやり取りをする。 ・オリジナルカレンダーを完成させるために，友達とやり取りをする。 ○相手に伝わるように工夫しながら，行事がある月を尋ねたり答えたりしようとしている。（第1時に同じ）

4 準備物

絵カード（月・曜日）・カレンダー台紙・行事カード

5 本時の展開（5/5時）

　児童は，前時までに，Let's Sing，Let's Play，Let's Watch and Think，Let's Talk などの活動を通して，月や曜日，行事の言い方やそれらを尋ねる言い方に慣れ親しんでいる。本時では，それらの表現を用いて，オリジナルカレンダーを完成させるために，児童同士が行事のある月について伝え合う活動を行う。本時の流れは以下の通りである。

①挨拶（3分）

　指導者は，挨拶とともに前時の復習を兼ねて児童に曜日を尋ねたり，行事に関する質問をしたりして，学習を始める。また，本時のめあてや流れ

を全体で確認し，児童が見通しを持って学習に取り組むことができるようにする。

②慣れ親しませる活動：Let's Sing（5分）

　本単元では，歌 "Twelve Months" や "Days of the Week" を通して，月や曜日の言い方に慣れ親しむ。歌を歌う際には，絵カードを指さしたり，指で月を数えたりしながら歌うなど，単語の音と意味を一致させるようにする。児童の慣れ親しみの程度に応じて，月や曜日の順を入れ替えて歌うなどの工夫も考えられる。

③コミュニケーションへの橋渡し活動：Let's Talk（7分）

　はじめは，以下のように指導者と児童全員でやり取りをし，児童が活動に慣れてきたら，指導者がスライドを示し，児童同士でやり取りをするよう促す。なお，本単元で扱う行事の単語については，児童のこれまでの他教科等での学びを生かして，地域の行事や日本各地の行事を扱うなど工夫することで，児童の学習意欲を高めたい。

T：Look.（スライドに映した五山の送り火の写真を示しながら）When is this
　event?

Ss：It's in August / July / September.

T：Is it in July? Close. Try again!

Ss：It's in August.

T：Is it in August? Really? Let's check.

　（スライドに映したカレンダーの8月を示しながら）

　That's right. It's in August. It's beautiful. This event is for Bon.

④コミュニケーション・自己表現活動：Activity（25分）

　オリジナルカレンダーを完成させるため，児童同士で行事がある月について尋ねたり答えたりして伝え合う。なお，本時までに，児童にオリジナルカレンダーの台紙（図1）を配布し，指導者が紹介した行事を聞

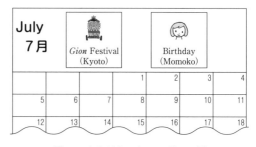

図1　オリジナルカレンダーの例

いて行事カードをはる活動をしておくことで，本時の活動説明を短くし，できるだけ多くの友達とやり取りができるようになる。活動を始める前には，本時のめあてを再度確かめ，相手とわかりやすく伝え合うために大切にしたいことを全体で共有する。なお，この時点では，児童から出た考えを中心に伝え合いの工夫（reaction など）について整理し，活動を始める。その後，中間評価において，児童の気付きや指導者の見取りをもとに新たな工夫を共有することで，よりよい伝え合いをめざし，児童が主体的に学習に取り組むことができるようにしたい。

【前半】（10分＋中間評価5分）

1）児童は，数枚の行事カード（図2）を持ち，友達と以下のようなやり取りをする。

〈児童のやり取りの例〉

Zuiki Festival

図2　行事カードの例

S1：Hello.

S2：Hello.

S1：Look.（ずいき祭りのカードを示しながら）When is this event?

S2：It's in September.

S1：Is it in September? Close! Try again!

S2：It's in October.

S1：That's right. It's in October. ずいき祭りは，収穫に感謝する祭りです。ずいきと呼ばれる里芋の茎などで飾った御神輿をかつぎます。

S2：I see.

S1：Here you are.（ずいき祭りのカードを渡す。）

S2：Thank you.

S1：You're welcome.

2）やり取りをして集めた行事カードは，オリジナルカレンダーの該当する月にはる。

3）音楽の合図で前半の活動を終え，中間評価（5分）をする。

【後半】（10分）

前半の活動や中間評価をもとに，より充実したやり取りをめざして活動

する。

《代案》あらかじめ児童が When is your birthday? の表現を用いて教職員の誕生月に関する情報を集めておき，それをもとに行事カードを作成しておくことも一案である。教職員の誕生月については，複数の月にわたることが予想され，児童にとって新情報となる場合も多いため，尋ねる必然性が増し，本時のやり取りの充実につながると考えられる。

〈児童のやり取りの例〉

S1：Look. This is ～ sensei. When is his／her birthday?

S2：It's in April.

S1：No, in the summer.

S2：Is it in August?

S1：That's right.

⑤振り返り（5分）

　完成したオリジナルカレンダーを全体で共有し，児童の頑張りを認める。その後，本時のめあてや振り返りシートの項目を全体で確認し，本時の学習を振り返るよう伝える。

6　指導上の留意点

　本単元では，児童にとって身近な行事から言語材料を設定し，友達や地域に関する情報がつまったオリジナルカレンダーを作るために，友達とやり取りをして伝え合う活動を設定した。児童の興味・関心を高め，意欲を継続しながら学習に取り組むことができるよう，単元のゴールのコミュニケーション活動や言語材料の設定を工夫したい。その際，第3学年の社会科で学ぶ地域の行事や第4学年の社会科で学ぶ自分が住む都道府県の行事，また総合的な学習の時間で扱った日本の行事など，他学年や他教科等の学習内容を含めた広い視点から教材研究をすることで，外国語活動の学習に深まりをもたせたい。

8節 「アルファベット，みいつけた」（Alphabet）（第4学年）

　私たちの身の回りには，多くのアルファベットが使われ，英語で表記されているものもたくさんある。児童の持ち物である文房具，通学路にある看板や標示など，英語が身近なところにあることに気付かせながら，生活の中の英語に目を向けさせることができる単元である。*Let's Try! 2* Unit 6 では，教材に示された表記を聞いたり伝え合ったりする活動にとどまっているが，ここでは，児童の気付きから生活の中の英語への興味・関心へと高めて，日常生活の中の英語を意識する児童の思考を育てていきたい。

1　単元目標

　生活の中の英語を見つけてクイズ大会をするために，自分の生活の中にある活字体を見つけ，相手に伝わるように工夫しながら，アルファベットの文字をクイズにして出したり答えたりして伝え合う。

2　主な表現及び語彙

・**表現**：How do you spell it? ― R-E-D（, red）. / R-e-d.　Where?

・**小文字**：a 〜 z

　［既出］What's this? Hint, please. That's right. 大文字（A 〜 Z），身の回りのものなど

3　単元計画（4時間）

時	目標	主な活動　　○評価規準（方法）
1	・活字体の小文字とその読み方に慣れ親しむ。	・小文字を指さしながら ABC Song を歌ったり Alphabet Chant を言ったりする。 ・読み方の発音を聞き，聞こえた順に小文字をつなげて絵を完成させる。 ○活字体の小文字の読み方を聞いたり，言ったりしている。（行動観察，ワークシート，振り返りシート）
2	・活字体の小文字とその読み方に慣れ親しみながら，大文字と小文字を比較し，気付いたことを伝え合う。	・大文字と小文字のカードを用いてマッチングゲームを行う。 ・大文字と小文字を比較して，グループ分けを行い，気付いたことを発表し合う。 ○アルファベットの活字体の読み方を聞いたり，言ったりして大文字と小文字を一致させている。（第1時に同じ）
3	・生活の中にあるアルファベットに気付き，その文字について尋ねたり答えたりする。	・校区で見つけたアルファベットを聞き，それがどこに表記されているかを考え，それらの画像をまとめたパワーポイントで確認する。 ○生活の中にあるアルファベットの文字について尋ねたり答えたりしている。（第1時に同じ）
4 （本時）	○相手に配慮しながら，生活の中の英語を伝え合おうとする。	・「生活の中の英語クイズ大会」で，生活の中の英語をクイズ形式で発表したり，クイズを聞いて，その英語がどこに書かれていたのか，その意味は何かを考えたりする。 ○相手に配慮しながら，生活の中の英語をヒントやジェスチャーを用いて伝え合おうとしている。（第1時に同じ）

4　準備物

　アルファベットカード（大文字・小文字），アルファベットが書かれているもの，ワークシート，校区で見つけたアルファベットの画像をまとめたパワーポイント，ミニホワイトボード

5　本時の展開（4/4時）

前時で児童は，自分たちの生活の中にはたくさんの英語が表記されていることに気付いている。そこで，次の時間には，みんなが見つけた「生活の中の英語クイズ大会」を行うことを伝え，本時に至るまでに，生活の中の英語調べを宿題としている。どんな英語がどこに書かれていたかを見つけるだけでなく，クイズを聞いた友達がわかるように，非言語情報や簡単な言葉への言い換えなどの工夫も考えさせておく。

本時では，それぞれの児童が見つけてきた英語をアルファベットのクイズ形式にして，伝える活動を行う。

①挨拶，ウォームアップ，めあての確認（5分）

ABC Song を歌ったり Alphabet Chant を言ったりしながら，*Let's Try! 2* に掲載されている小文字をなぞらせたり，空文字を書かせたりする。

②導入（5分）

指導者が，朝起きてから学校に出勤するまでに目にするアルファベットを写真に撮っておき，それらを紹介する。

③慣れ親しむ活動　カードゲーム（10分）

アルファベットの小文字カードを使って活動を行う。
1) 4人グループになり，小文字カードを表向けて机の上に広げる。
2) 4人グループでペアをつくり，1組のペアが手持ちの小文字のアルファベットを読み，もう1組がそのカードを一緒に探す。協力し合うクイズとして競争にならないようにする。
3) ペアの役割を交代する。

《代案》

A．アルファベット合わせゲーム
1) ペアになり，1つの机に大文字カードを，もう1つの机に小文字カードを裏返して広げる。
2) 順番を決め，先攻の方から，大文字カード，小文字カードを1枚ずつめくる。めくったアルファベットを声に出して読み，大文字と小文

字が同じアルファベットの場合，カードは自分のものとなる。

　　カードが合わなかった場合は，元の場所に戻し，相手の番となる。

B．スペリング当てクイズ

　1）既習語彙のつづりを1文字（アルファベット）ずつ言う。

　2）繰り返して言いながら，ペアでそのアルファベットのカードを見つ
　　けて並べ，その語彙の意味を考える。

　　T：（カードを裏返して見せる）

　　S：How do you spell it?

　　T：r　S：r ，T：e　S：e ，T：d　S：d

　　T：（アルファベットカードを順に並べて見せ）R-E-D, red.

　　S：赤

　　※アルファベットカードは1セットなので，例えば "ball" だと "l" が2
　　　回ありカードが取れなくなるので，同じアルファベットを使用しない
　　　語彙に限定する。

④クイズ大会への橋渡し活動（10分）

　クイズ大会のモデルとなるように，指導者が生活の中で見つけた英語の
アルファベットを読み上げていき，それがどこに書かれていたかを考えさ
せる。

　　T：（ペットボトルを入れた袋を見せる）What's this? Guess.

　　S：I don't know. How do you spell it?

　　T：s-t-r-o-n-g, s-p-a-r-k-l-i-n-g, l-e-m-o-n

　　S：Hint, please.

　　T：（レモンの絵を描く）

　　S：Hint, please.

　　T：（飲むジェスチャーをしながら）Drink.

　　S：Juice?

　　T：Very close. Soda pop. Lemon soda pop.

　　　　Look at this.（袋からペットボトルを出し，アルファベットを指さしな
　　　　がら）STRONG Sparkling Lemon, 強炭酸水レモン . I like it.

⑤生活の中の英語クイズ大会（10分）

　児童の実態に即して，グループ発表，もしくは全体での発表とする。

　発表する児童は，アルファベットをゆっくり言いながら，ミニホワイトボードもしくは黒板に書いていく。聞き手の児童は，ワークシート（図1）にアルファベットを書いていく。その後，ヒントやどこに書かれていたかを聞きながらその語の意味を考える。

Alphabet	Name
友達が見つけた生活の中の英語	その英語が書かれていた物・場所
（例）STRONG Sparkling Lemon	ペットボトル

図1　ワークシート例

⑥振り返りと終わりの挨拶（5分）

　「クイズ大会を通して，自分が気付いていなかった身近なところにアルファベットがたくさん使われていることを知ったので，これからも，どんなところにアルファベットが使われているのか探していきたい」「クイズを聞いてわからなかったときに，○○ちゃんが，ゆっくり言ってくれたり，ジェスチャーでヒントを出してくれたりしたので，私もそのようにしようと思いました」といったように，児童が生活の中のアルファベットについて考えたことや相手に伝わるクイズの出し方について気付いたことを具体的に発表し，共有し合う。

6　指導上の留意点

　ヒントを聞かれた時の答え方や聞き手にわかりやすく伝える工夫を宿題として考えさせる（次頁図2参照）。その際，事前に授業内でどのような工夫が考えられるかの例を示し，共有しておく。

　本単元では，4年生であるが書き写す活動を取り入れている。しかし，ここでは，英語の意味を知って書き写すわけではなく，3年生でローマ字を学習していることから，見たままのアルファベットを4線に書き写したり，聞いたアルファベットの音をアルファベット表に照らし合わせながら

```
┌─────────────────────────────────────────────────────────────┐
│                                                               │
│  Alphabet ～生活の中の英語を見つけてクイズにしよう～              │
│                                                               │
│                           Name _____       │
│  ☆生活の中の英語を見つけ，そのヒントも考えよう。                  │
│    聞き手にわかりやすく伝えるための工夫も考えよう。               │
│  ┌──────────┬──────────┬──────────┬──────────┐                │
│  │ 見つけた   │ 英語が書かれて│          │          │                │
│  │生活の中の英語│ いた物・場所 │  ヒント   │   工夫    │                │
│  ├──────────┼──────────┼──────────┼──────────┤                │
│  │          │          │          │          │                │
│  ├──────────┼──────────┼──────────┼──────────┤                │
│  │          │          │          │          │                │
│  └──────────┴──────────┴──────────┴──────────┘                │
│                                                               │
│  【絵・もしくは写真・実物（はれるものは，はってよい）】           │
│                                                               │
└─────────────────────────────────────────────────────────────┘
```

図2　宿題ワークシート例

書き写したりする活動にとどめている。

　児童がヒントを出す場合，難しい言葉だからと容易に日本語を使わせるのではなく，ジェスチャーなどの非言語情報や簡単な英語への言い換えなども用いて表せるよう，相手に配慮した工夫を児童自身に考えさせたい。そうすることで，児童は何とか自分の力で伝えようとする力を身に付けることができ，聞いている児童も何を伝えようとしているのかをわかろうとする力，推測する力を身に付けることができる。

9節 「忘れ物ない？ どれがいい？」(Do you have a pen?) (第4学年)

　児童が生活の中で持ち物を尋ねる場面を考えたとき，教室を移動する際に，「赤白帽を持った？」「リコーダー，持った？」などと確認しているのを耳にする。そのことから，児童が生活の中で英語を使って持ち物を確認できるような学習展開にしていきたい。例えば，学習の始まりの号令の前に，"Do you have a pencil case, a notebook, a textbook and a plastic sheet?" と確認した後，学習を始めることを習慣付けることで，英語だけでなく，学習準備の定着や気持ちの切り替えにもつながるであろう。

　また，欲しいものとしては，買い物をする際に児童自身が選ぶのは，文房具が多いであろう。そのことから，児童の実生活に近い場面設定を行い，友達の好みや自分との違いを知る楽しさを味わえる活動を行う。

1　単元目標

　友達と楽しく文房具を買うために，相手に配慮しながら，文房具などの持ち物や欲しいものなどについて尋ねたり答えたりして伝え合う。

2　主な表現及び語彙

・**表現**：Do you have (a pen)? Yes, I do. / No, I don't. I [have / don't have] (a pen). Which do you want? I want this pen. I want this one. How many? (One), please. Here you are. Thank you. Why? Because it's (cute, cool, beautiful, etc.)

・**語彙**：文具・学用品 (pen, pencil, eraser, pencil case, ruler, notebook, textbook, plastic sheet, recorder, cap, etc.)

[既出] What's this? It's (a pencil). I like (blue). I don't like (brown).

3 単元計画 (5時間)

時	目標	主な活動　○評価規準（方法）
1	・文房具などの学校で使うものの言い方に慣れ親しむ。	・指導者が出すスリーヒントクイズを考えながら，文房具など学校で使うものの言い方を知る。 ・*Let's Try! 2* 巻末カード（文房具）でBINGOを行う。 ○文房具などの学校で使うものを聞いたり言ったりしている。（行動観察，ワークシート，振り返りシート）
2	・文房具などの持ち物を尋ねたり答えたりする表現に慣れ親しむ。	・机の中，道具箱の中，筆箱の中にあるものについて指導者の質問に答える。 ・巻末カードで文房具などの持ちものを尋ねたり答えたりする。 ○文房具などの持ちものを尋ねたり答えたりしている。（第1時に同じ）
3	・文房具について欲しいものを尋ねたり要求したりする表現に慣れ親しむ。	・欲しいものを尋ねたり要求したりする表現を知る。 ・巻末カード12枚のうち，11枚を使ってカード・デスティニー・ゲームを行う。 ○欲しいものを尋ねたり要求したりする表現に反応しながら聞くことができる。（第1時に同じ）
4 （本時）	・相手に配慮しながら，文房具について欲しいものを尋ねたり要求したりする。	・筆箱，鉛筆，ペン，消しゴム，定規の絵カードを用いて，買い物のやり取りを全体で行う。 ・実際の買い物をイメージしてやり取りを行い，自分の好みの文房具セットを揃える。 ○相手に配慮しながら，文房具について欲しいものを尋ねたり要求したりしている。（第1時に同じ）
5	・相手に配慮しながら，文房具セットについての発表を聞いたり，質問をしたりする。	・前時の文房具セットについてクイズをする。 ○相手に配慮しながら，文房具セットについての発表を聞いたり，質問をしたりして，誰のものかを考えている。（第1時に同じ）

4　準備物

文房具，文房具の写真もしくは絵カード，ワークシート

5　本時の展開（4／5時）

本時では，自分のお気に入りの文房具セットを揃えるために買い物を設定した活動を行う。児童が好きな文房具は，キャラクターものや好きな動物，好きな色などによってさまざまであることから，児童が買い物を楽しめるよう，児童の実態に即して多様なジャンルの文房具の写真，もしくは絵カードを揃えておく。そうすることによって，文房具を選んだ理由が自然と児童の心の中に生まれてくる。そこで，「～が好きだから」「かっこいい」「かわいい」などの表現を学習の中に取り入れることによって，基本表現のやり取りに終始せず，表現が広がり，感情を伴ったやり取りができる。

本時の流れは，以下の通りである。

①挨拶，ウォームアップ，めあての確認（5分）

指導者が持っているお気に入りの文房具について聞いたり，指導者の質問に答えたりする。めあての確認では，相手へ必要な配慮を具体的に考えて発表させ，板書で整理し，共有しておく。

②導入（3分）

文房具の写真や絵カードを黒板にはりながら，"Do you want this pen?" "Why?" "Do you like red?" などと児童とやり取りを行い，理由を尋ねたり，感想を言ったりする。

③慣れ親しませる活動―カード・デスティニー・ゲーム（10分）

前時で指導者と全体で行った，カード・デスティニー・ゲームを4人グループで行う。
1) *Let's Try! 2* の巻末にある12枚のカードのうち，5枚を選んで手に持つ。残りのカードは，裏向けて重ねた状態で自分の前に置いておく。
2) じゃんけんをする。

3) 勝った3人：（負けた人に）"Which do you want?"
4) 負けた人：（欲しいカードを出しながら）"I want this …."
5) 勝った3人：（同じカードがあれば，机の上に出しながら）"Me, too."
6) カードを出して手持ちのカードが減った場合，裏向けて重ねてある自分のカードから1枚取り，手持ちのカードが5枚になるようにする。
次からはじゃんけんでなく，時計回りで続けていき，12枚すべてのカードがなくなったら，あがりとなる。

④自己表現を広げる橋渡し活動（7分）
黒板を文房具店に見立てて，筆箱，ペン，消しゴム，鉛筆，定規，それぞれ5種類の写真もしくは絵カードを並べてはる（図1参照。紙幅の関係

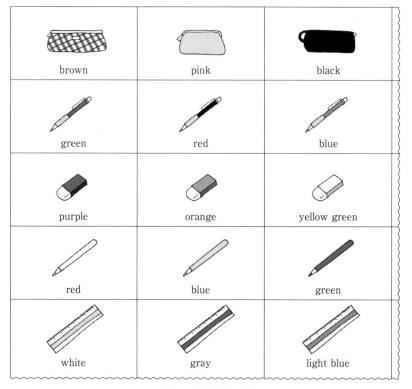

図1　文房具カード

で，例のイラストは一部のみ掲載。児童の実態に合わせて文房具の色（green, red など）だけでなく動物（dog, cat など）やキャラクターの柄などを加えるとよい）。そして，2人（友達同士）で買い物に行き，それぞれ文房具を1点購入するという設定で，指導者と ALT がそのやり取りを見せる。その際，選んだ文房具についてのやり取りが深まるように理由を尋ねたり，自分の好みを伝えたりして，自己表現が豊かになるモデルを示す。

ALT：I want a pencil case.

T：Which（pencil case）do you want?

ALT：I want this one. I like pink.

T：Wow! It's cute. I want an eraser.

ALT：Which do you want?

T：I want this one. I like purple.

ALT：Yeah, it's nice.　※ ALT がいない場合は指導者が一人二役

次に，指導者は，このやり取りのよかった点を尋ね，児童の気付きが生まれるように，意見を板書して整理する。そうすることで，理由や感想を加えることのよさに気付くことができる。また，それらの言い方を確認したり練習したりすることによって，次の活動でそれらを踏まえたやり取りをスムースに行うことができる。

※より自然な会話を身に付けられるように，ここでは "What do you want?" ではなく，"Which do you want?" を使用している。

⑤コミュニケーション活動（15分）

この活動では，相手への配慮を意識したやり取りを楽しむために，聞き手の児童から感想をもらい，自分のやり取りを高めていくようにする。さらに，感想を述べた児童が，次時ではやり取りをした児童になりきって発表を行うよう，聞く必然性をもたせておく。

1）4人グループを作る。その中でさらにペアを作る。

2）橋渡し活動で使用したカードの縮小版を机の上に並べる。

3）1ペアが，実際の買い物をイメージして，筆箱，ペン，消しゴム，鉛筆，定規の5点について橋渡し活動で行ったやり取りをしながら，

互いに自分の好みの文房具セットに揃えていく。（1ペア5分）
4）聞き手のペアは，ワークシートに内容をメモしたり，よい点ともう
少し改善したらよいと思う点について記入したりする。そして，やり
取りを行った2人にその感想を伝える。
5）揃えた文房具セットは，タブレット端末等に写真を撮っておく。
6）役割やペアの組み合わせを替えたりして，やり取りを行う。
7）タブレット端末等に残した画像を確認し，それぞれの好みの違いを
確認する。
8）次時の発表練習を行う。

⑥振り返りと終わりの挨拶（5分）
　めあてで確認した，相手への配慮を意識して学習することができたかを
確認する。

6　指導上の留意点

　コミュニケーション活動や発表での「相手に配慮しながら」とは，児童
にどのような配慮をさせたいかを明確にして指導に当たらなくてはいけな
い。本時であれば，相手が選ぶ文房具に対して，なぜそれを選ぶのか興味
を示しながら友達の反応を待ち，そして，またその反応に返していくこと
の楽しさを味わわせたい。そのため，めあてで児童に具体を考えさせた
り，それまでの慣れ親しむ活動や自己表現を広げる橋渡し活動の段階で，
少しずつ相手に配慮できる表現を導入したりしておく。
　また，友達のやり取りに対する感想は，相手にとって必要な内容を具体
的に伝えることを共通理解させておく。そうすることで，感想をもらった
児童は，よりよいコミュニケーションを意識して改善することができる。

10節 「大好き！ 私たちの町」(Where is your favorite place?)

(第4学年)

　文部科学省共通教材 *Let's Try! 2* では，相手に配慮しながら，自分が気に入っている学校内の場所について伝え合う活動が設定されている。高学年の道案内につながる単元であるが，ここでは発展的な活動として，自分たちの地域の好きな場所へ案内するようにした。社会科で学んだことにも関連付け，地域に対する関心を高めるような道案内の活動を設定する。

1　単元目標

　自分が気に入っている場所に友達を案内するために，相手に伝わるように工夫しながら，教室名や校区内の場所など，身の回りの場所について，道案内をしながら尋ねたり答えたりして伝え合う。

2　主な表現及び語彙

・**表現**：Go straight. Turn [right / left]. Stop. Where are you? This is (the music room). This is my favorite place. Why? I like (music).

・**語彙**：学校・教室等 (classroom, restroom, [science / music] room, [school nurse's / teachers'] office, entrance, library, gym, playground, etc.)

[既出] 挨拶 , 曜日，スポーツ，This is for you. Do you like (blue)? etc.

3　単元計画（4時間）

時	目標	主な活動　　○評価規準（方法）
1	・教科名や教室名の言い方，道案内の仕方を知る。	・指導者の Small Talk を聞いて，教科名や教室名の言い方を知る。 ・道案内の仕方を知り，行き方を言う。 ○教科名や教室名の言い方，道案内の仕方を聞いたり言ったりしている。（行動観察）
2	・教科名や教室名の言い方，道案内の仕方に慣れ親しむ。	・友達にインタビューし，紙面にある教室が好きな友達の名前を□に記入する。 ○教科名や教室名の言い方，道案内の仕方を聞いたり言ったりしている。（第1時に同じ）

3	・自分が気に入っている校内の場所に案内したり，その場所について伝え合ったりする。	・校内の好きな場所を，その理由とともにペアで伝え合う。 ○自分が気に入っている校内の場所に案内したり，その場所について伝え合ったりしている。（行動観察，振り返りシート）
4 （本時）	・相手に配慮しながら，自分が気に入っている校区内の場所について伝え合ったり，紹介したりしようとする。	・グループで，お気に入りの場所を紹介する。 ○相手に配慮しながら，自分が気に入っている場所を紹介したり，聞いたりしている。（第3時に同じ）

4　準備物

校区の地図（社会科の学習で使うような簡便な白地図が望ましい。）

5　本時の展開（4／4時）

　児童は，前時までに，Let's Play, Let's Chant, Let's Watch and Think などの活動を通して，学校内にある施設の名前や，道案内の表現に慣れ親しんでいる。本時は，それらを活用して，校区にあるお気に入りの施設を紹介し合う活動を行う。社会科の学習で校区にある施設について学んでいるので，地図を見ながら道案内を聞いて相手の好きな場所を考えたり，その場所が好きな理由を聞いたりする際に，児童の思考が働く。本時の流れは以下の通りである。

①挨拶，復習と練習：Small Talk（5分）

　指導者は，本単元のゴール活動「校区内の好きな場所の紹介」を想定して，児童とやり取りしながら Small Talk でスピーチの例を示す。

　　T：（校区地図を黒板にはり）I'm here at Tobu Elementary School.

　　S1：食べ物のお店がいっぱいあるね。

　　T：Yes. I like hamburgers. Do you like hamburgers?

　　S2：Yes, I do. 私，昨日家族で行ったよ。

　　T：OK. Please listen.（赤いマグネットを動かしながら）Go straight. Turn right. Go straight. Turn left. Here. Where are you?

　　S3：あっ，トス・バーガー！

　　T：Good. This is Toss Burger. I like Toss Burger very much.

Do you like Toss Burger, too?

　S4：No. I like Burger Queen.（各校区の状況に応じて話す。）

②慣れ親しませる活動：教室ドンじゃん（4分）

　ペアになり，図1のような校舎配置図を用意する。1人は調理室側か
ら，もう1人は体育館側からスタートする。1部屋ずつ，教室名を指さし
ながら英語で言い，次の部屋へ進む。2人がぶつかったところで，ジャン
ケンをして，勝ったらそのまま次の部屋へ，負けたら振り出しに戻って進
む。早く相手のスタート位置まで到着した方の勝利になる。

職員室 teachers' office	保健室 school nurse's office	トイレ restroom	音楽室 music room	理科室 science room
校長室 principal's office				PC室 computer room
ランチルーム lunch room		運動場 playground		図工室 arts and crafts room
調理室 cooking room	⬆		⬆	体育館 gym

Start A　　　　　　　　　　　　　　　　　　　　Start B

図1　校舎配置図

③コミュニケーションへの橋渡し活動：勝手にカーナビ（8分）

　ペアで1枚の校区地図を用意する。（地名などが詳しく書かれていない，
社会科の学習で使うような白地図が望ましい。）1人が運転手役（A），もう
1人がカーナビ役（B）になる。学校をスタート地点とし，運転手役の児
童は消しゴムの車を1つ置く。カーナビ役の児童は指示を出し案内する。

B：Let's start. Go straight.（交差点で）Stop. Turn right. Go straight.（交
　　差点で）Stop. Turn left. Here.

A：Mita Park?

B：Yes, that's right.（正解したら，役割を交代して続ける。）

《代案》

　インフォメーション・ギャップのある活動にするには，児童Aと児童Bの持っている地図の情報に差を付け，それぞれの地図に示されていない場所に誘導し，情報差を埋め合うという方法が考えられる。

④コミュニケーション・自己表現活動：Activity（18分）

【前半】（9分）

1）発表は4人1組のグループごとに行う。発表の形態は児童の人数やクラスの実態に応じて工夫をする。Small Talkで指導者が行ったように，やり取りを加えたSpeech活動を行う。

S1：（図2の校区の地図を黒板にはり）I'm here at Tobu Elementary School. Please listen.（赤いマグネットを動かしながら）Go straight. Stop. Turn right. Go straight. Stop. Turn left. Here. Where are you?

Ss：Daichan Ramen?

S1：Yes, that's right. I like Daichan Ramen. Do you like it?

Ss：Yes, yes! It's yummy!

2）グループごとにA3判に拡大した白地図を用意し，一人ひとりの発表が終わったら，地図に好きな場所と，その名称，簡単な理由を書く。

3）区切りのよいところで児童を着席させ，うまくできたところや，伝わりにくかったところなどを，短時間で中間振り返りを行い発表させる。時間があれば，自分の発表の方法や内容を改善する。

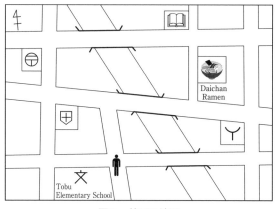

図2　校区の地図

【後半】（9分）

4) 中間振り返りを踏まえて，相手に伝わりやすく案内したり，理由を述べたりできるよう，後半の活動を再開する。

《代案》

A：まだ，その地域にあまりなじみのない ALT がいる場合は，児童が ALT に地元のよいところを紹介する活動をするのもよい。また，ALT に紹介された場所に対して "Why do you like Mita Park?" など追加の質問をしてもらうのもよい。

B：発表する児童が，お気に入りの場所を案内したら，聞いている児童が，その場所が好きな理由を想像して，出来る限り英語を使って "Do you like soccer?" などと尋ねてみるのもよい。

⑤まとめの活動（5分）

　指導者は，相手意識を持って道案内をしたり，好きな場所の理由を上手に紹介していたりした児童を数名選び，全員の前で発表させる。その際，聞き手の児童には相手にわかりやすく伝えるための工夫や，好きな場所の理由で共感した点について発表させる。

⑥振り返り・歌（Goodbye Song）（5分）

　振り返りシートに，「相手が理解しているかどうか確かめながら，自分が気に入っている場所について伝え合うことができたか。」を3〜4段階で評価させる。また，友達の発表を参考にして，自分の学びについて改善したことなどを文章で書いて発表させる。この単元全体を通じて，気付いた自分の町のよさなども書かせるとよい。

6　指導上の留意点

　この単元では，お互いによく知っている地域内で，自分のお気に入りの場所を紹介するという設定の道案内を行う。また，道案内で相手の理解度を確かめながらわかりやすく伝えたり，自分のお気に入りの理由を，既習表現を用いて伝えたりするなど工夫させることで，より深い思考を伴った言語活動にすることができる。児童の実態によって，1人で理由を考えることがまだ難しい場合には，グループで協力して理由の言い方を考えるなど，協働的に学び合うことも有効である。

1節 「夢につながる時間割を考えよう」
（What do you have on Monday?）（第5学年）

　自分たちの時間割と比較しながら，同年代の世界の子どもたちが学んでいる教科について知る。また，各自が夢の時間割を考え，理由とともに伝え合い，クラスメイトの好みや夢を知ったり，漢字やアルファベット文字を手がかりに中国語やドイツ語など他言語を読み解いたりすることで言語のおもしろさに気付かせたい。

1　単元目標
　自分のことをよく知ってもらったり相手のことをよく知ったりするために，相手の好きな教科や将来つきたい職業など，具体的な情報を聞き取ったり，夢の実現につながるオリジナルな時間割を紹介し合ったりできる。また，活字体の小文字を識別し，読むことができる。

2　主な表現及び語彙
・表現：Do you have（P.E.）<u>on（Monday）</u>? Yes, I do. / No, I don't. What do you have <u>on（Monday）</u>? I study（math）. I want to be（a teacher）. I want to study（math）.

　＊下線部の on Monday は on Mondays とも言います。
・語彙：教科（Japanese, English, math, etc.），職業（baseball player, doctor, etc.），学校生活（lunch time, cleaning time, recess）
［既出］What ～ do you like? Do you like ～? 曜日

3　単元計画（8時間）　　＊ST（第1回～第3回）については100頁の5参照

時	目標	主な活動　　○評価規準（方法）
1	・教科の言い方を知る。	・海外の小学校の時間割を見せ，曜日や教科を表す語彙を聞かせる。 ・自分たちの時間割で曜日と教科を確認する。 ○曜日や教科に関する表現を知り，理解している。（行動観察）

2	・教科や曜日について尋ねたり答えたりできる。	・Small Talk（ST）（第1回） ・中国の小学校の時間割から教科名を推測する。 ・ミッシング・ゲーム：隠された教科と曜日を "Do you have（math）on（Monday)?" と尋ねたり答えたりする。 ○曜日や教科の表現を使って尋ねたり答えたりしている。（行動観察，ワークシート）
3	・教科や曜日について尋ねたり答えたりして伝え合うことができる。	・ST（第2回） ・ドイツの小学校の時間割から教科名を推測する。 ・何曜日の時間割？：ペアである特定の教科があるかどうか尋ね，互いが選んだ時間割が何曜日の時間割か考える。 ○選んだ曜日について尋ねたり答えたりして伝え合っている。（第2時に同じ）
4 （本時）	・好きな曜日とその理由について尋ねたり答えたりして伝え合う。	・指導者の時間割についての説明を聞き該当する国を選ぶ。（アメリカ，ニジェール，韓国） ・パラグアイの小学校の時間割から教科名を推測する。 ・好きな曜日とその理由を尋ね合う。 ○好きな曜日とその理由について尋ねたり答えたりして伝え合っている。（第2時に同じ）
5	・職業の言い方を知り，つきたい職業と教科の関連を考えて伝え合う。	・ST（第3回） ・「小学生の将来つきたい職業クイズ」をし，職業名を知る。 ・クイズで出た職業につくために，どの教科の学習が役立つか考える。 ・つきたい職業と特に勉強したい教科を伝え合う。 ○職業や教科の表現を使って伝え合っている。（第2時に同じ）
6	・好きな教科や将来つきたい職業について尋ねたり答えたりして伝え合う。	・指導者が話す夢の時間割が何曜日かを考える。 ・各自のオリジナル教科を入れたある1日の夢の時間割を考える。 ・ペアでオリジナル教科を含む夢の時間割について尋ね合う。 ○好きな教科や将来つきたい職業について尋ね合っている。（第2時に同じ）

7	・夢を実現する夢の時間割について紹介し合う。	・第6時に各自が考えた1日の夢の時間割をグループでまとめ，模造紙に1週間の時間割をかく。 ・作成した夢の時間割について，グループ内で発表し，助言し合う。 ○夢の実現につながる夢の時間割を紹介し合っている。（第2時に同じ）
8	・他者に配慮しながら，時間割や時間割についての自分の考えなどを伝え合う。	・各グループが時間割を紹介し，聞き手の他グループの児童はどの曜日が誰の夢の時間割か考える。 ○好きな教科や将来つきたい職業など，具体的な情報を聞き取ったり，夢につながる夢の時間割を紹介し合ったりしている。 （行動観察，ワークシート，振り返りシート）

4 準備物

絵カード（曜日，教科，職業），ワークシート，外国の小学校の時間割（中国，ドイツ，パラグアイなど），「小学生の将来つきたい職業」クイズ，発表用時間割（第7時に作成），アルファベット大文字・小文字カード

5 Small Talk の指導計画

本単元では，以下に示す3回の Small Talk を行う。第1回（第2時）の話題は「好きな教科」，第2回（第3時）は「好きな曜日と教科」，第3回（第5時）は「先生の子どもの頃の夢」である。第1回は，前時に学習した教科を表す語彙，中学年で学習した What 〜 do you like? などの既習表現を用いて指導者と児童でやり取りしながら進める。第2回は，学級に掲示してある時間割を指さしながら指導者の好きな曜日とその理由について話し，児童にも尋ねる。第3回は，指導者の子どもの頃の夢について話す。

・第1回（第2時）「好きな教科」

T：What day is it today?

Ss：Tuesday!

T：That's right. It's Tuesday today.（教室の時間割の当該曜日を指さして）What do you have on Tuesday?

Ss：Math, English, P.E., ...

T：Yes. Let's say it together. We have math, English, P.E., science, Japanese and social studies. What subjects do you like, S1?

S1：I like math and science.（以下，略）

・第2回（第3時）「好きな曜日と教科」

T：（教室の時間割を指さして）What day do I like? Guess. Talk in pairs.

Ss：Hint, please.

T：OK.（ジェスチャーを示しながら）I like cooking and sewing. OK?（指導者の答えが何曜日だと思うか手を挙げさせる）Monday? Raise your hand.（ひととおり尋ねて）The answer is Friday. I like Friday. We have home economics. What day do you like, S1?

S1：I like Tuesday. We have arts and crafts.（以下，略）

・第3回（第5時）「先生の子どもの頃の夢」

T：I am 11 years old. I am 5-*nensei*. I want to be ....（敬礼をする）

Ss：警察官？

T：That's right. A police officer. I want to be a police officer. What do you want to be, S1?

S1：I want to be a firefighter.（以下，略）

6　読むこと・書くことの指導計画

①文字の名称を繰り返し発音する

　この単元では，Go Fish ゲーム，Mission Impossible ゲーム（「本時の展開」⑥参照）によって文字を見てその名称を発音し，Alphabet Jingle, サークル・ジングルを通して音声と文字を関連付ける。また，以下に示すスピード・ゲームで文字の名称の発音やアルファベットの順序に慣れ親しませる。

　スピード・ゲーム（次頁図1）

　ペアで2セットの小文字アルファベット・カード（4線があることが望ましい）を用意する。それぞれの児童が1セットを持つ。トランプの「スピー

ド」の要領で台札の上に前後する文字のカードを重ねる。児童は文字を同じ方向から見られるように，対面ではなく横に並んで行う。

②文字に関心を持ち，言語の共通性に気付く

「英语」「音乐」など簡体字で書かれた中国の小学校の時間割を，漢字を手がかりに読み解く。次に児童が持っている背景知識と英語の教科名を手がかりに，ドイツ語の "Englisch"

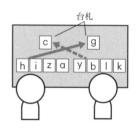

図1　スピード・ゲーム

"Musik" など，児童は外国語で書かれた外国の小学校の時間割の教科名をグループで話し合い読み解く。

7　本時の展開（4/8時）

児童は，第3時までに曜日や教科についての語彙，自分たちの時間割，英語，中国語，ドイツ語で書かれた時間割について尋ねたり答えたりする表現に慣れ親しんでいる。またアルファベットの小文字を識別し，その名称を繰り返し発音している。本時は，複数の国の時間割について指導者から英語で説明を聞き概要を捉える。次いで，スペイン語で書かれたパラグアイの時間割を，英語を手がかりに読み解くことを試みる。

①挨拶，ウォームアップ（5分）

ここでは，挨拶や天候などについてのやり取りの後，Sunday 以外の曜日から始めたり，各曜日の頭文字を指で形づくり "Sunday, Monday, Tuesday" を歌い，教科名と曜日を尋ね合うチャンツを行う。

②海外の小学校の時間割についてまとまりのある話を聞く（7分）

アメリカ，ニジェール，韓国のある小学校の高学年の時間割について，指導者の説明を聞いてどの国の時間割かを選ぶ（表1〜3）。

1. Hello. I'm a fifth grader. I'm in Michael's class. I go to school from Monday to Friday. I have English, art, music, P.E. and math every day. In music class, I play the flute in the brass band.（アメリカ）

2. Our school is small. I have classes in the morning on Tuesday, Thursday and Saturday. I have classes in the afternoon on Monday and Friday. I don't go to school on Wednesday.（ニジェール）

表1 アメリカの小学校

	Mon.	Tue.	Wed.	Thur.*	Fri.
1	English				
2	art				
3	music band				
4	P.E.				
5	ESL				
6	math				

＊ Thur. は Thu. と表記してもよい

表2 韓国の小学校

	Mon.	Tue.	Wed.	Thur.	Fri.
1	Korean	Korean	Korean	social studies	homeroom activities
2	moral education	P.E.	P.E.	P.E.	Korean
3	English	English	science	Korean	English
4	science	science	home economics	math	math
5	math	math	homeroom activities	arts and crafts	social studies
6	music	social studies		arts and crafts	music

表3 ニジェールの小学校

period	time	Monday	Tuesday	Wednesday	Thursday	Friday	Saturday
	8:00 ～ 8:10	meeting					
1	8:10 ～ 10:00		moral education French math Djerma		P.E. math Djerma		P.E. math Djerma
	10:00 ～ 10:30	～ recess ～					
2	10:30 ～ 12:00		Djerma science		Djerma social studies art		Djerma social studies
	12:00 ～ 15:30	～ recess ～					
3	15:30 ～ 18:30	Djermas science French				French math science	
		French Djerma music				Djerma P.E.	

3. We have moral education on Monday. We have home economics on Wednesday. We have two arts and crafts classes on Thursday. We have English on Monday, Tuesday and Friday.（韓国）

③時間割の読解からコミュニケーション活動への橋渡し活動（10分）

　英語で書かれた教科名と見比べながら各グループで話し合い，パラグアイの小学生がどのような教科を学習しているか推測して質問を考え，各グループの代表者が指導者に質問する。

表4　パラグアイの小学校

Horario	Lunes 🌙	Martes 🔥	Miércoles 💧	Jueves 🌳	Veiernes ✨
07：00 07：40	castellano	castellano	castellano	Guaraní	Guaraní
07：40 08：20				Educación para la salud	
08：20 09：00	matemática	matemática	matemática	ciencias naturales	Educación para la salud
09：00 09：20	Recreo				
09：20 10：00	matemática	matemática	matemática	ciencias naturales	proyecto comunitario
10：00 10：30	ciencias sociales	ciencias sociales	ciencias naturales	trabajo y tecnología	Orientación
10：30 11：00			Educación Artística		Educación Física

G1：Do you have social studies on Monday?

T：（パラグアイの先生として答える）Why?

G1：We see s, o, c, i, a, and l.

T：Good guess! Yes. We have social studies class on Monday.

　また指導者はパラグアイの時間割や学校生活について話し，児童の意見などを聞く。

T：How many social studies classes?

S1：Two. Monday and Tuesday.

T：Do you like this schedule? Why?（以下，略）

④コミュニケーション活動―好きな曜日とその理由について伝え合う。（8分）

　指導者がT-T，あるいは一人二役でやり取りのモデルを示す。

T1：What day do you like?

T2：I like Friday.

T1：Why?

T2：I have home economics on Friday. It's interesting. How about you?

T1：I like Monday. I have P.E. and math on Monday.

　児童はペアになり，互いの好きな曜日とその理由を伝え合う。さらにペアの相手を替えて複数回行う。列単位で Q&A リレーゲームを行ってもよい。

⑤ Alphabet Jingle を言う。（5分）

⑥ Mission Impossible ゲーム（5分）

　「おはじきゲーム」の応用で，文字を見てその名称を発音する活動である。ペアで行う。指導者は各児童におはじき5個を渡す。児童は教科書などのアルファベットの小文字が書かれているページを開く。2人の間に下敷き等を立てる。児童は5個のおはじきを隠れ家となる文字の上に置く。一方が1文字の名前を言い，他方は言われた文字の上におはじきがあれば相手に渡す。交代しながら繰り返し，相手のおはじき5個を先に得た児童の勝ちとなる。

⑦振り返りと終わりの挨拶（5分）

　英語で教科名を学ぶと他の言語の教科名も推測できることを確認し，身の回りのものに書かれた外国語やその文字に関心を持ってほしいと伝える。

| 応用・発展活動 |

「中学生はどんなことを勉強しているの？」

　児童が進学する中学校の時間割についての説明を聞く。中学校の英語科教員や中学生の話やビデオを見聞きすることで，児童は小学校と中学校の違いや継続性を知る。

8　指導上の留意点

　最初に提示する時間割は，ALT の出身国の小学校や海外の交流校など，児童にとって必然性のあるものが望ましい。いくつかの国の小学校の時間割を見たり，小学生の生活について聞いたりするが，数多くある小学校の一例であることに留意する。

2 節 「誰の週末？」 (I usually get up at 7：00.) (第5学年)

　本単元では，児童は日課や手伝いに関する表現や日常や週末の様子など
を伝える表現を学び，日常生活について尋ねたり答えたりしながら，一人
ひとりの生活を尊重し合うことへとつなげたい。また校内の先生や友達に
インタビューした内容を参考に，先生または友達になりきり，その人の週
末の過ごし方について発表する「誰の週末？」クイズを行う。友達と情報
交換をしながら，お互いを尊重し合えるようなコミュニケーション活動を
行いたい。

1　単元目標
　自分のことをよくわかってもらったり相手のことをよくわかったりする
ために，日課や手伝いについて具体的な情報を聞き取ったり，話したりす
ることができる。また自分の日課や手伝いについて，例文を参考に，音声
で十分慣れ親しんだ語句や表現を用いて書くことができる。

2　主な表現及び語彙

・**表現**：Do you (go shopping) on Sundays? Yes, I do. / No, I don't.
I usually (clean my room) on Saturdays.
What time do you (get up)? I usually get up at (6：00).

・**語彙**：動作（日課，手伝いなど）(get up, eat breakfast, lunch, dinner, play
video games, go swimming, use a PC, watch TV, do my homework, take a
bath, go to bed, clean my room, go shopping, set the table, wash the dishes,
etc.)，頻度（always, usually, sometimes, never）

〔既出〕at, on, 数（1 ～ 60），曜日，スポーツ，教科，etc.

3　単元計画（8時間）　　＊ST（第1回～第4回）については108頁の5参照

時	目標	主な活動　○評価規準（方法）
1	・日課や手伝いの言い方を知り，その表現に慣れ親しむ。	・日課や手伝いについての語彙や表現を聞き，絵カードなどを見て言う。 ・指導者のある1日の日課や手伝いについて聞き，内容を理解する。ST（第1回）。 ○日課や手伝いを表す語彙や表現が言える。（行動観察，振り返りシート）
2	・頻度を表す表現に慣れ親しむ。	・指導者が頻度を表す表現を用いて自分の日課や手伝いなどについて話をし，児童はそれを聞き取り，先生とやり取りをする。ST（第2回）。 ○頻度を表す表現が含まれた日課や手伝いなどの英語を聞き取ったり，言ったりできる。（行動観察，ワークシート）
3	・日課や手伝いを行っている頻度を伝え合う。	・1日の生活を振り返り，日課や手伝いなどをどのくらいの頻度で行っているか伝える。 ○頻度を表す表現を使い，自分の1日の生活について友達に伝えることができる。（第2時に同じ）
4	・日課や手伝いについて尋ねたり，答えたりする言い方を知り，慣れ親しむ。	・1日の生活について，友達に尋ねたり，答えたりする。ST（第3回）。 ○日課と行う時刻を言うことができる。（行動観察，ワークシート，振り返りシート）
5	・週末の過ごし方（watch TV, play the piano, do my homework, go swimming, etc.）について伝え合う。	・指導者や友達と週末の過ごし方について，インタビューし合う。 ・インタビューの結果をインタビューシートに記入する。 ○週末の過ごし方について尋ねたり答えたりすることができる。（行動観察，インタビューシート）

6 （本時）	・インタビュー結果を利用し，友達になりきり「誰の週末？」クイズ作りをする。	・指導者が他の先生になりきり「誰の週末？」クイズを出題し，児童は指導者が校内のどの先生になっているかを推測する。ST（第4回）。 ・前時のインタビュー結果を参考に，児童はどの友達になるかを決め，その人の週末の過ごし方を4文程度で書く。5文目に自分で考えた文を加えてもよい。 ○「誰の週末？」クイズに使うヒントの文を言ったり，書いたりできる。（行動観察，クイズの原稿，振り返りシート）	
7	・前時に作成したクイズの発表練習をする。	・「誰の週末？」クイズの原稿を見ながら，個人→ペア→グループの順で発表の練習をする。その際，お互いの発表について気付いたことやよりよい発表を行うために必要な工夫を伝え合う。（第1時に同じ）	
8	・「誰の週末？」クイズ大会。先生または友達になりきり「誰の週末？」クイズを楽しむ。	・友達のクイズを聞き，クイズの答えを考える。 ・自分の発表について工夫したことや，友達の発表のよかったことを振り返りシートに書く。 ○クイズを聞いて週末の友達の過ごし方について理解したり，クイズを工夫して発表したりできる。（第4時に同じ）	

4　準備物

　日課・手伝いの絵カード，頻度を示す図（109頁参照），ワークシート（113頁参照），曜日カード，和英辞典（クラスに数冊用意。発表活動の準備で必要な場合に適宜使用。）

5　Small Talk の指導計画

　本単元では，以下に示す4回の Small Talk を行う。第1回（第1時）は

「日課や手伝い」，第2回（第2時）は「日課や手伝いと頻度」，第3回（第4時）は「1日の生活」，第4回（第6時）は「週末の過ごし方」である。第1回から第3回は「指導者―児童」，第4回はクイズ作り及び発表のモデルとし，児童の理解度の確認をするためにいくつかの質問を行う。

・第1回（第1時）「日課や手伝い」

　　T：I'll tell you what I do every day. I get up at 6：00. I eat breakfast at 6：30. What time do you eat breakfast, S1?

　　S1：(I eat breakfast) at 7：00.

　　T：I wash the dishes after breakfast. Do you wash the dishes, S2?

　　S2：Yes, I do. / No, I don't.（以下，略）

・第2回（第2時）「日課や手伝いと頻度」

　　第2回〜第4回の Small Talk では，指導者は「頻度を示す図」（図1）を適宜使用する。

　　T：Let me tell you about my daily routine. I always get up at 6：00. Do you usually get up at 6：00, too, S1?

　　S1：No, I don't.（I usually get up at 7：15.）

　　T：How about you, S2?

　　S2：I usually get up at 7：00.

　　T：I eat breakfast at 7：00. I always wash the dishes after breakfast. Do you sometimes wash the dishes after breakfast, S3?

　　S3：No, I don't.

　　T：Oh, you never wash the dishes. I hope you'll help your family.

　　　（以下，略）

	Sun.	Mon.	Tue.	Wed.	Thur.	Fri.	Sat.
always	○	○	○	○	○	○	○
usually	○	○	×	○	○	×	○
sometimes	×	○	×	○	×	○	×
never	×	×	×	×	×	×	×

図1　頻度を示す図

・第３回（第４時）「１日の生活―夕食後」

T：Let's talk about what I do after dinner. I sometimes use a PC after dinner. Do you sometimes use a PC after dinner, S1?

S1：No, I don't. I usually watch TV（after dinner）.

T：I see. I also wash the dishes. Do you wash the dishes, S2?

S2：Yes, I do. I sometimes wash the dishes.

T：That's good. I usually go to bed at 10：00. What time do you usually go to bed, S3?

S3：I usually go to bed at 9：00.

T：Good!

・第４回（第６時）「『誰の週末？』クイズ―発表のモデル」

T：Let's start a quiz show! Please guess who I am.
　I usually eat breakfast at 7：00 on Saturdays. I sometimes wash the dishes on Saturdays. I usually go shopping on Sundays. I always play baseball on Sundays, too. I like baseball very much. Who am I?

S1：Do you like basketball?

T：No, I don't. I like baseball.

S2：Do you always play baseball on Sundays?

T：Yes, I do.

S3：（Are you）Morimoto *sensei*?

T：That's right! I'm Morimoto Taro.

６ 読むこと・書くことの指導計画

　本単元では，まず日課や手伝いなど日常生活と時刻を伝える英文を書き慣れ，次に曜日も加えた英文を書き，第６時では５文程度で「誰の週末？」クイズを作成する。なお下線部の語句は，教科書などの絵カードも参考にしながら，児童が自分の伝えたいことを伝えるために単語を自由に選んで書き写す，などさせるとよい。

　第３時：I always get up at 7：00.（日課の頻度）

　第４時：I usually go shopping on Saturdays.（週末の活動とその頻度①）

第5時：I always play baseball on Sundays.（週末の活動とその頻度②）

第6時：（113頁のワークシート参照）

7　本時の展開（6/8時）

　児童は第5時に友達へのインタビュー（週末の過ごし方）を行っている。本時はインタビュー結果を利用し友達になりきり「誰の週末？」クイズを作成する。児童は誰になりきるのかを決め，ST（第4回）やワークシート（113頁参照）を参考にして，5文程度の英文からなるクイズを作成する。本時の流れは以下の通りである。

①挨拶，ウォームアップ（7分）

　挨拶や天候についてのやり取りの後，「日課・手伝いカルタ取り」を4人グループで行う。

　12枚程度の日課・手伝いの絵カード（use a PC, do my homework, set the table 等）を机上に並べる。指導者が読み手になり読み札（I wash the dishes. 等）を読む。児童は英語に合う絵カード（取り札）を探す。取り札がなくなるまで続ける。

②慣れ親しませる活動：チャンツ（10分）

　グループ（4～6人）で向かい合ってチャンツを行う。曜日が書かれたカードを机上に裏返して置き，1人がカードをめくり出てきた曜日（Saturday, 等）を用い What do you do on Saturdays? とリズムにのせて隣の人に尋ねる。隣の人は自分が土曜日にすることとその頻度（I always watch TV on Saturdays. 等）を答え，以後の人は同じ英文で頻度の表現を変えながら（I usually watch TV on Saturdays. 等）チャンツのリズムにのせて言う。最後の人まで言うと，次の人はカードをめくりチャレンジする。慣れてきたら，各自が英文を作成（I always play tennis on Saturdays. 等）したり，スピードを速くしてチャンツにのせるとよい。

　S1：What do you do on Saturdays?

　S2：I always cook breakfast on Saturdays.

S3：I **sometimes** cook **breakfast** on **Saturdays**.

S4：I **never** cook **breakfast** on **Saturdays**.

③コミュニケーション・自己表現への橋渡し活動：Small Talk（10分）

指導者によるモデル（提示とやり取り）

本時の Small Talk（第4回，110頁参照）は，次の発表活動への橋渡しとなる。Small Talk 開始前に，「次はみんながクイズを作る番」と伝え，指導者は校内の先生になりきってクイズを出題する。

なりきり自己紹介の理解を助け，クイズ出題後の児童からの質問を促すために指導者は黒板にはった図2のような絵カードを利用しながら話す。

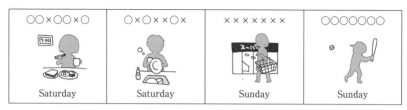

図2　絵カードの例

なお，児童から正解が出た後，指導者がクイズのヒントを1文ずつ言い，児童はそれを繰り返し，理解を深める。

④コミュニケーション・自己表現活動—クイズ作り（15分）

先生または友達の週末の過ごし方を推測させる「誰の週末？」クイズを図3のワークシート（A4判用紙）に作成する。

⑤振り返りと終わりの挨拶（3分）

指導者は，児童が日課や手伝い，頻度の表現を積極的に使えていたこと等を褒めるとともに，次時の発表練習に向けて児童の関心や意欲が高まるような言葉がけをする。

8　指導上の留意点

本単元のゴールの活動は，学校外での日常生活や手伝いについて話したり書いたりすることである。児童にはそれぞれの家庭の事情があるため，自分の日常生活や手伝いについて話したり書いたりすることを嫌がる児童

「誰の週末？」クイズ

Class：＿＿＿＿＿　　Name：＿＿＿＿＿＿＿＿＿＿＿＿＿＿＿

《先生または友達になりきり，週末の過ごし方を書こう。》

（例）I usually <u>eat breakfast</u> at <u>7：00</u> on Saturdays.

I sometimes <u>wash the dishes</u> on Saturdays.

I <u>usually</u> <u>go shopping</u> on Sundays.

I <u>always</u> <u>play baseball</u> on Sundays, too.

I <u>like baseball</u> very much.

Who am I?

◎クイズを自分で作ってみよう。

I＿＿＿＿＿＿＿＿＿＿＿＿＿＿＿＿＿．

I＿＿＿＿＿＿＿＿＿＿＿＿＿＿＿＿＿．

I＿＿＿＿＿＿＿＿＿＿＿＿＿＿＿＿＿．

I＿＿＿＿＿＿＿＿＿＿＿＿＿＿＿＿＿．

I＿＿＿＿＿＿＿＿＿＿＿＿＿＿＿＿＿．

Who am I?

友達の似顔絵

メモ（発表の工夫・気づき）

自分の発表：

友達の発表：

図3　ワークシート　「誰の週末？」クイズ

がいるかもしれない。その際，指導者が個別に対応しながら書くための支援をするなど，柔軟性を持って対応したい。

　また，英語を書くことが難しい児童については，「英文を書けないから発表できない。」とならないよう，指導者は児童がなぞり書きできるように，児童の書きたい英文を聞き，薄い字で書くなどして児童の学びを支援したい。

3 節 「できることを発表しよう」(I can play tennis.)（第 5 学年）

　本単元では，自分や相手ができることやできないことを伝え合うことで，人によって得手・不得手がある，人はいろいろな面で違っていることに気付かせる。また，相互にできることを認め合うことで，自身や友達のよさを改めて見直し，仲間意識や自己肯定感を高める機会としたい。このような活動を通して，よりよい学級経営にもつながることが期待される。さらに，これまでの "I-you" の世界から，三人称単数代名詞 "he / she" を使って自分の身近な家族や友達，スポーツ選手，芸能人などについて紹介することで，児童の英語による表現内容の広がりを実感させたい。

1　単元目標
　自分や自分が紹介したい第三者のことをよく知ってもらったり友達のことをよく知ったりするために，できることやできないことなどについて聞いたり自分の考えや気持ちを含めて伝え合ったりすることができる。また，例文を参考に，音声で十分に慣れ親しんだ語句や表現を用いて自分や友達が紹介したい第三者のできることやできないことについて書いたり，読んだりすることができる。

2　主な表現及び語彙
・表現：Can you play tennis? Yes, I can. / No, I can't.
［I / You / He / She］［can / can't］［swim fast / jump high / run fast, etc.］. Can［he / she］cook Chinese food? Yes, ［he / she］can. / No, ［he / she］ can't. What can ［you / he / she］ do? ［I / He / She］ can ［do *kendo* / play the piano / ride a unicycle / sing well, etc.］.
・語彙：動作 (cook, draw, play, skate, swim, etc.)，楽器 (guitar, piano, recorder, violin, etc.)，スポーツ (dodgeball, volleyball, etc.)，動作の様態 (fast, high, well, etc.)
［既出］　楽器，スポーツ

3 単元計画（8時間）　　＊ST（第1回〜第4回）については116頁の5参照

時	目標	主な活動　　○評価規準（方法）
1・2	・動作を表す語句やできることやできないことを表す表現に慣れ親しむ。	・チャンツやビンゴゲームなどをすることで，動作を表す語句に慣れ親しむ。また，イラストを見ながら，できることやできないことを表す英文を指導者の後について言ったり，自分で考えて言ったりすることで，できることとできないことを表す表現の違いに気付き慣れ親しむ。その際，well，fast，high などの副詞にも慣れ親しむ。 ○できることとできないことの表現の違いを理解し，これらを表す基本的な英文を言える。（行動観察）
3	・話し相手のできることについて尋ねたり，答えたりする言い方に慣れ親しむ。	・できることについて尋ねたり，答えたりする文を含む会話を聞き，その情報をワークシートに記入する。また，その情報をもとに登場人物になりきり，できることについて尋ねたり，答えたりする。ST（第1回）。その後，自分のできることやできないことについて，1，2文で発表する。聞き手は共感的に受け止め，簡単な言葉を使って応答する。 ○できることについて尋ねたり，答えたりできる。（行動観察，ワークシート）
4	・話し相手のできることやできないことについて伝え合う。	・できることやできないことについての会話を聞いた後，友達とインタビュー活動（自分ができることと同じことができる友達を多く集める，など）を行う。 ○自分のできることやできないことを伝え合うことができる。（第3時に同じ）
5	・三人称単数代名詞（he / she）の言い方に慣れ親しむ。	・第三者に関する簡単なやり取りを通して，he / she の違いに気付く。また，登場人物の情報を he / she を使って言ったり，尋ねたりしながら，he / she の言い方に慣れ親しむ。その後，クラスの友達ができることやできないことを he / she を用いて表現し，慣れ親しむ。 ○ he / she を使って第三者について言うことができる。（行動観察，ワークシート，振り返りシート）

6 (本時)	・クラスや外国の小学生のできることやできないことについて理解し、やり取りを行う。 ・夢のロボットのできることやできないことについて伝え合う。	・クラスの友達のできることやできないことについてやり取りを行う。ST（第2回）。その後、世界の小学生のできることやできないことについての会話を聞き、he / she を使って登場人物のできることやできないことを言う。 ・「夢のロボット」を考えさせ、そのロボットができることなどについて英文を書き、発表する。 ○外国の小学生のできることやできないことについて聞き、he / she を使って登場人物について言うことができる。また、自分たちとの共通点や相違点に気付く。 ○夢のロボットのできることやできないことを書いたり発表したりすることができる。（第5時に同じ）	
7	・家族、友達、先生、芸能人、スポーツ選手等のできることやできないことを含んだ紹介文を作るための準備をする。	・自分の紹介したい人物を選び、紹介するための準備を行う。ST（第3回）。その際、紹介したい人物のできることやできないことに加え、This is ～. He is my brother. などの既習表現も使用し、情報を整理し、書いてまとめる。 ○第三者を紹介するための情報の整理をし、書いてまとめることができる。（第3時に同じ）	
8	・家族、友達、先生、芸能人、スポーツ選手等のできることやできないことを含んだ紹介文を発表する。	・第三者を紹介する。その後、児童の作品を回収し、クラスで「人物紹介」ゲームをする。ST（第4回） ○第三者を紹介することができる。（第5時に同じ）	

4　準備物

　絵カード，世界地図，ワークシート，家族，先生，芸能人などの写真やイラスト，和英辞書（クラスに数冊用意。表現活動で必要な場合，適宜使用。）

5　Small Talk の指導計画

　本単元では，以下に示す4回の Small Talk を行う。第1回（第3時）は「相手のできることについて尋ねたり答えたりする」，第2回（第6時）は

「友達のできることについて伝え合う」，第３回（第７時）及び第４回（第８時）は「身近な人，芸能人などについて紹介する」である。既習表現 "This is 〜 . He is my brother." 等を使用したり，できることを説明する１文を加えたりしながら，やり取りを深めていきたい。ただし，第１回及び第２回の Small Talk では主として「指導者―児童」，第３回及び第４回は主として「児童―児童」のやり取りとしたい。

・第１回（第３時）「相手のできることについて尋ねたり答えたりする」
　　T：I can play tennis. Can you play tennis, too?
　　S：No, I can't.
　　T：What can you do?
　　S：I can play basketball.
　　T：Great!

・第２回（第６時）「友達のできることについて伝え合う」
　　T：Yuta is my friend. He can play the recorder well.
　　S：Nice. Can he play the piano, too?
　　T：Yes, he can. He can play the piano very well. ／
　　　　No, he can't. But he can play the harmonica well.

・第３回（第７時），第４回（第８時）「身近な人，芸能人などについて紹介し合う」
　　S1：This is Ken. He is my brother. He is 15 years old.
　　S2：What can he do?
　　S1：He can cook. He can cook curry and rice well.
　　S2：Nice. This is Mika. She is my sister. She is 14 years old.
　　S1：What can she do?
　　S2：She can swim. She can swim fast.
　　S1：Great!

6　読むこと・書くことの指導計画
　読むこと・書くことの指導計画は以下の通りである。
第２時：I can play tennis. I can't play baseball.（自分のこと）
第３・４時：Can you play the guitar?

Yes, I can. / No, I can't.　　　　　　　　　（尋ねる，答える）

第5・6時：Tomo is my friend. He can ski well.（But）H/he can't swim fast.
　　　　　Yuri is my friend. She can sing well.（But）S/she can't play
　　　　　the recorder.　　　　　　　　　　　　　　　　　　　　　（友達紹介）

第7・8時：This is Tetsuya Yamada. He is my father. He is kind. He can run
　　　　　fast.（But）H/he can't cook well.　　　　（身近な人や芸能人などの紹介）

7.　本時の展開（6／8時）

　児童は，これまでに「できることやできないこと」についての表現や語
句に慣れ親しんでいる。本時は，まず簡単なゲームを通して人物紹介の練
習をした後，世界の子どもたちのできることやできないことを聞く活動，
次に，聞き取った情報についてやり取りを行う。ここでは，外国の小学生
と自分たちの「できることやできないこと」の共通点や相違点についても
気付かせたい。最後に，自分が欲しい「夢のロボット」を考案させ，グ
ループやクラスの前での発表につなげる。本時の流れは以下の通りであ
る。

①挨拶，ウォームアップ（7分）

　挨拶や天候についてのやり取りの後，以下に示す「人物紹介」ゲームを
行う。

　4人グループを作る。児童は先生名とその先生ができることを表す写真
をはった10枚程度のカードの中から，各自1枚ずつカードを引き，先生
ができることを伝え，残りの児童はひと言感想を考えて言う。できること
を言えた児童はカードを取り，カードを多く取った児童が勝ちとなる。

　S1：（田中先生のカードを取る）This is Tanaka *sensei*. He can ski well.

　SS：He is cool ∕ great.

田中先生（男）	鈴木先生（女）	佐藤先生（男）	伊藤先生（女）

図1　人物紹介カードの例

②慣れ親しませる活動（4分）

　最初にクラス全体で下記のチャンツで練習し，次にクラスを2分割したグループやペアで，前頁図1の人物紹介カードを順次見せながら，練習する。

　　S1：（田中先生の写真を見せながら）

　　　　What can he do? What can he do?

　　S2：He can ski. He can ski. He can ski well!

　　この後，尋ねる側と答える側の役割を交替し，続ける。

③コミュニケーション・自己表現への橋渡し活動：リスニングからスピーキンググへ（12分）

　外国の子どものイラストや写真，世界地図を見せながら聞かせ，それぞれの子どものできることやできないことについて聞き取れた情報をワークシートに記入させる。次に，表に記入した情報を見ながら，それぞれの子どものできることやできないことについて he や she を用いてやり取りをさせる。その後，自分たちのできることやできないことと比べて，類似点や相違点など気付いたことを発表させる。

（例）　Hi, I'm George. I'm from the USA. I like music. I can play the
　　　 piano, but I can't play the guitar.

1．Hello, my name is Julia. I'm from Brazil. I can play soccer. I play

	名　前		出身国	できること(○) / できないこと(△)
例	George		アメリカ	○ピアノ △ギター
1.	Julia			○ △
2.	Bolin			○ △
3.	Abena			○ △

図2　リスニング用ワークシート「世界の子どもたち」

soccer after school. But I can't play basketball.

2. Hi, I'm Bolin. I'm from China. I can dance well, but I can't sing well. I practice dancing on Tuesdays and Fridays.

3. Hello, my name is Abena. I am from Ghana. I can run very fast, but I can't swim.

④コミュニケーション・自己表現活動：クリエイティブライティングから発表活動へ（24分）

【前半】「夢のロボット」を考案し，紹介する（14分）

　まずは指導者自身が欲しい，自身の夢を叶えてくれるロボットを考え，モデルスピーチを行う。その際，指導者は自分が描いたロボットの絵（図3）を見せたりしながら，ロボットの名前，ロボットができること，できないことなどについて発表する。

図3　指導者の「夢のロボット」の例

　This is a "料理がめちゃ上手" robot. He can cook Japanese food very well – tempura, *nikujaga*, and *miso* soup. But he can't cook western food very well. He is very active and kind.

　モデル提示後は，指導者は発表した英文をプリント等で提示し，児童はその英文を2～3回指導者の後について音読練習をする。その後，児童は自分の夢のロボットの特徴などについてＡ4判ワークシートに書く（図4参照）。なお，児童にはワークシートの表面にこの授業までに夢のロボットの絵を描かせておくとよい。（表面はロボットの絵，裏面は英文）

【後半】自分の夢のロボットについて発表する（10分）

　児童はワークシートを見ながら各自で発表のための練習をする。その

```
                    My Dream Robot
                              Name
    This is                                         .
                                              (名前)

    He / She                                        .
                                           (できること)

    He / She                                        .
                                          (できないこと)

    He / She is                                     .
                                           (性格など)
```

図4　ワークシート「夢のロボット」（裏面）

後，グループ内（１グループ４人程度）で発表し合い，最後にグループの代表を選びクラスの前で発表させる。

応用・発展活動

　各グループの代表ロボットの絵を黒板にはる。児童は各代表ロボットについての発表を聞き，該当するロボットの絵を当てる。また，すべての発表について，児童や指導者がheやsheを用いて質問し，さらなるロボット理解に努め，最後に「クラスで最も人気のあるロボット」を選ぶ。

⑤振り返りと終わりの挨拶（２分）

　指導者は児童一人ひとりのできることやできないことに共感し，「みんな違ってみんないい」ことに気付かせたい。また，外国と日本の小学生の得手・不得手については，共通点が多いことにも気付かせたい。

8　指導上の留意点

　人間誰しも得手・不得手があるが，できることを通して児童の自己肯定感を高めたい。また「できること」を表現させる場合は，他者との比較ではなく，自分の中でできると思うことに注視させたい。「できないこと」に対しては劣等意識を持たせることなく，努力すればできるようになる可能性があることにも気付かせたい。

4節 「英語を読んだり書いたりしよう」

(Let's read and write English.)（第5学年）

　本単元は，活字体の大文字・小文字の読み書きができるようになり，英語の語句や文を推測して読んだり，書き写したりすることができるようになることが目標である。推測して読めるようにするためには，文字と音の関係を扱う必要がある。「読むこと」「書くこと」は，5，6年生のすべての単元で少しずつ時間をかけて行うものであるが，ある程度系統的な指導が必要であることから，本単元ではその過程をまとめて扱うこととする。

1　単元目標

　活字体の大文字と小文字を読んだり書いたりすることができる。また，文字と音の関係に気付き，語句や文を推測して読むことができる。さらに，書く時のルールを理解し，語句や文を書き写すことができる。

　※本単元における「聞くこと」「話すこと［やり取り］」「話すこと［発表］」
　　については，目標に向けて指導は行うが，記録に残す評価は行わない。

2　主な表現及び語彙

・表現：(The "A" card), please. Here you are. What letter is this? It's an "A". Do you have（an "A")? Yes, I do. No, I don't.

・語彙：大文字（A-Z），小文字（a-z）

［既出］数（1〜60），色，果物，動物，身の回りのものなど

3　単元計画（8時間）

時	目標	主な活動　　○評価規準（方法）
1	・活字体の大文字を読む（発音する）。	・The ABC Song を歌った後，線対称（左右 A, H 等・上下 B, C 等)・点対称（N, S, Z）の文字探し，直線のみ・曲線のみ・一筆書き可の文字探し，街の中の文字探しを行う。最後に自分の名前を1文字ずつ発音する。 ○活字体の大文字を読む（発音する）ことがで

		きる。（行動観察，振り返りシート）
2	・活字体の大文字を書く。	・The ABC song を歌った後，発音を聞いたり言ったりしながら大文字を書く。 ○活字体の大文字を書くことができる。（行動観察，ワークシート，振り返りシート）
3	・活字体の小文字を読む（発音する）。	・The ABC Song を歌った後，ポインティングゲーム，カード並べ，大文字と小文字のマッチングゲームを行う。 ○活字体の小文字を読む（発音する）ことができる。（第1時に同じ）
4	・活字体の小文字を書く。	・The ABC Song を歌った後，間違いやすい小文字の比較をする。そして，1階建て・2階建て・地下1階建てに分けて発音を聞いたり言ったりしながら小文字を書く。 ○活字体の小文字を書くことができる。（第2時に同じ）
5 （本時）	・アルファベットには名称の他に音があることに気付く。	・Alphabet Jingle を行った後，音を聞いて文字を指すポインティングゲームをしたり，文字を見て音を発音したりする。そして，単語の頭子音（onset：127頁⑤参照）の聞き取りや，頭子音の同じ単語集めゲームを行う。 ○アルファベットには名称の他に音があることに気付き，頭子音を聞き取ることができる。（第1時に同じ）
6	・音声で慣れ親しんだ語句を推測して読み，書き写す。また，語句を書く時のルールを理解する。	・Alphabet Jingle を行った後，音声を聞いてつづりの書かれた単語カードを選んだり，つづりを見て語句を声に出して読んだりする。また，ポスターやパンフレットの情報を読み取る。さらに，語句を書く時のルールについて話し合い（単語と単語の間をあける，国名等は大文字で始める），語句を書き写す。 ○音声で慣れ親しんだ語句を推測して読み，語句を書く時のルールを理解して書き写すことができる。（第2時に同じ）
7	・音声で慣れ親しんだ表現を推測して読み，書き写す。また，文を書く時のルールを理解する。	・Alphabet Jingle を行った後，音声で慣れ親しんだ表現やライム（rime：127頁⑤参照）の含まれる文を声に出して読む。次に，文を書く時のルール（文頭は大文字で書く，文末にはピリオドを打つ）について話し合い，文を書き写す。

		○音声で慣れ親しんだ表現を推測して読み，文を書く時のルールを理解して書き写すことができる。（第2時に同じ）
8	・簡単な絵本を推測しながら読む。	・Alphabet Jingle を行った後，2文字子音（ch, sh, th, wh）を含む単語を読む。次に，絵本の読み聞かせを聞き大まかな内容をつかんだ後，聞きながら文を指で追う。最後に，推測しながら自分で読む。 ○簡単な絵本を推測して読むことができる。（第1時に同じ）

4 準備物

文字カード（活字体の大文字・小文字），単語カード，ワークシート

5 本時の展開（5/8時）

児童は，第4時までに，活字体の大文字と小文字を読んだり書いたりする経験をしている。それを受けて本時は，アルファベットには名称の他に音があることに気付き，単語の頭子音を聞き取ることを目標とする。

①挨拶，ウォームアップ，めあての確認（5分）

挨拶や天候，曜日，日付などのやり取りをした後，The ABC Song を歌う。その後指導者は，めあてにつながる話をする。

〈めあてにつながる話の例〉

「皆さんはこれまでに，アルファベットの大文字と小文字について学習し，読んだり書いたりすることができるようになりました。ではこのカード（図1）を見てください。この単語が読めますか。これは cat/kæt/です。c/siː/, a/ei/, t/tiː/ではありません。日本語ではひらがなを読めるようになると『いえ』『やま』『かわ』などすぐにことばを読むことができますが，英語はそうではありません。じつは，A/ei/, B/biː/, C/siː/, …というのはアルファベットの名前であって，単語を読むときにはあまり使われません。そこで必要となるのは，その文字が持つ『音』（おん）なのです。では今日は，アルファベットの『音』（おん）について学んでいき

図1 絵カード
Let's Try! デジタル教材

ましょう。」

② Alphabet Jingle（10分）

　Alphabet Jingle とは，文字の名称，音，その文字で始まる単語を，A/ei/, a/æ/, a/æ/, apple /æpl/などとリズムに乗せて唱えるものである。各教科書はAlphabet Jingle 教材を準備しているのでそれを活用するとよい。指導の手順は以下の通りである。

・まず全体を聞かせる。

・1文字ずつ Alphabet Jingle 教材（または指導者や ALT の発音）について発音させる。

　日本語母語話者にとって，子音のみの発音は難しいものである。日本語の音のほとんどは「か」（ka）のように子音と母音の組み合わせで成り立っているからである。そのため b（/b/）

図2　Alphabet Jingle　*We can! 1* p. 76

を「ぶ」（bu），c（/k/）を「く」（ku）と発音してしまいがちである。そのような時には指導者が，発音の「こつ」を示す必要がある。以下に子音の発音の「こつ」を示す。喉に手を当てた時，無声音は喉が震えないが，有声音は震える。

　b/b/: 上下の唇を閉じておいてから強く一気に声を出す。（有声音）

　p/p/: b と同じ発音の仕方で息のみを出す。（無声音）

　c/k/: 口の奥で強く言う。声は出さず息だけを出す。（無声音）

　g/g/: c と同じ発音の仕方で声を出す。（有声音）

　d/d/: 舌の先を上の歯茎に付け，それを離す時に一気に声を出す。（有声音）

t/t/：d と同じ発音の仕方で息だけを出す。（無声音）

f/f/：下の唇を上の歯に軽く当て息を出す。（無声音）

v/v/：f と同じ発音の仕方で声を出す。（有声音）

s/s/：歯と歯を合わせてそのかすかな隙間から息を出す。（無声音）

z/z/：s と同じ発音の仕方で声を出す。（有声音）

h/h/：喉の奥から息を出す。（無声音）

j/ʤ/：舌の先を上の歯茎に付け，それを離す時に一気に息を出す。
　　　（有声音）

k/k/：c と同じ音である。（無声音）

l/l/：舌の先を前歯の裏に付けて言う。（有声音）

m/m/：唇を閉じて鼻に息を通す。（有声音）

n/n/：唇を閉じず舌の先を上の歯茎の内側に付けて言う。（有声音）

q/k/：c や k と同じ音である。（無声音）

r/r/：唇を突き出し強くすぼめ，舌は口の中のどこにも触れない。
　　　（有声音）

w/w/：唇を突き出し，それを元に戻す時に声を出す。（有声音）

x/ks/：k と s を素早くつなげて息を出す。（無声音）

y/j/：舌の先で下の歯の裏を強く押して声を出す。（有声音）

　母音 a/æ/, e/ɛ/, i/ɪ/, o/ɑ/, u/ʌ/ に関しては，a と o と u に注意が必要である。a を「あ」と o を「お」と言ってしまいがちであるが，a/æ/ は，口を横にいっぱいに開きあごを下げて言い，o/ɑ/ は，指が3本縦に入るくらい大きく開けて言う。また，ローマ字学習の影響からか u/ʌ/ を「う」と言ってしまいがちであるが，u/ʌ/ は，口をあまり開かず口のやや奥から軽く言う。「アッ」と驚いた時のような音である。

③ポインティングゲーム（5分）

　指導者または ALT が発音する音に合う文字を指さす。児童の実態によってはペアで協力して行ってもよい。

④文字を見てその音（おん）を発音する（5分）

　指導者が見せる文字カードを見て，その音を発音する。

《代案》ABCD song（あぶくどソング）を歌う

　ABCD song とは，The ABC Song をアルファベットの音（おん）で歌

うことである。児童はすぐには歌えないことが予想されるので，指導者が率先してゆっくりと歌い，児童は歌えるところだけ歌うことから始めるとよい。

⑤単語の頭子音の聞き取り（5分）

　指導者が，文字を見せずに bag, bear, book, box など頭子音（語頭の子音）が同じ単語を発音し，/b/ の音を捉えさせる。日本語母語話者は，子音のみの音を捉えることが難しいため，上の単語の場合，「ばっ・ぐ」「べ・あ」「ぶっ・く」「ぼっ・くす」と捉える傾向がある。「ば」「べ」「ぶ」「ぼ」と音が異なるのになぜ頭子音が同じ単語であるとされるのかと疑問を持つ児童もいるであろう。そこで指導者は，b-ag, b-ear, b-ook, b-ox のように，onset（最初の母音の前にくる子音）と rime（最初の母音とその後に続くすべての音）に分けて発音してみせ，/b/ という子音を捉えやすくすることも必要である。

⑥頭子音の同じ単語集めゲーム（10分）

　指導者が示す文字の音で始まる単語を，グループごとに1つずつ言っていく。例：p（pig, pink, paper, etc.）

応用・発展活動

〈案1〉「仲間外れの単語選び」

　文字を見ずに指導者の単語の発音を聞き，3つの単語のうち頭子音が異なる単語を選ぶことができるようにする。

例：map, mat, net　異なるのは net

図3　仲間外れの単語選び　*Hi, friends! Plus*

〈案2〉「音（おん）の足し算」

　アルファベットの音（おん）を組み合わせて単語を発音することができるようにする。

　指導者が /b/, /ε/, /d/ と発音し，児童は bed と答える。ant, cat, dog など

３文字からなる単語を扱い，音の足し算で単語が構成されていることに気付かせる。apple, book, elephant などの単語は，フォニックスの他のルールが当てはまるのでここでは扱わない。また，英語の単語は音の足し算だけで構成されているものだけではないことを児童に知らせておく必要がある。慣れてきたらさらに発展として音の分割を行うこともできる。指導者が文字を見せずに ant/ænt/ と発音し，児童は /æ/, /n/, /t/ と発音する。

〈案３〉「間違いやすい音（おん）の聞き分け」

　日本人母語話者にとって間違いやすい音（おん）の聞き分けができるようにする。

　指導者が文字を見せずに例えば red‐led と発音し，児童は red のときは r の文字を，led の時は l の文字を指さす。他に fat‐hat, moon‐noon などを扱う。

⑦振り返りと終わりの挨拶（5分）

　振り返りシートに，目標（アルファベットには名称の他に音があることに気付き，頭子音を聞き取ることができたか）に沿って自分の学びを記録させる。

6　指導上の留意点

　本時は，アルファベットの音読みに注目させる時間であるが，名称読みの発音にも注意させたい。

　特に A/ei/, C/siː/, F/ef/, L/el/, M/em/, N/en/, R/ɑːr/, V/viː/ などは日本語のような発音になりがちであるので気を付ける必要がある。単に音声を聞かせて言わせるだけではなく，F の最後や V は，下唇を軽く上の前歯に当てて発音するとよいなど，「こつ」を教えるようにしたい。

　また，文字を使った学習が始まっても，必ず音声を伴って指導を行い，英語らしい音やリズムに触れさせることを忘れないようにしたい。

5節 「好きな料理を注文しよう」（What would you like?）（第5学年）

　本単元は，食べ物を注文する際に，ていねいな表現を用いてやり取りをする題材である。また，家庭科の食育や栄養素などを関連させたり，栄養バランスのよい食材を考えることで，自分や家族の健康，食の大切さなどについても考えさせたい。また，世界の名物料理を扱い，調べ学習を通して，世界の人々に人気の高い和食のよさや，食を通じた異文化理解につなげたい。さらに，値段がいくらになるかといった計算もあるので，上限の金額を決めるなどして算数科と関連させることもできる。なにより，誰かを思い浮かべてその人のためのメニューを考えて注文をし，それを発表するといった楽しい活動を通して，周囲の人を思う気持ちや，豊かな心を育て，他者尊重につなげたい。最終的には自分たちが考えたメニューが給食に出るという目的を設定することで，英語の授業が学校生活に変化をもたらすといったワクワク感や期待感が児童のやる気を高めるであろう。

1　単元目標
　誰かに食べてもらいたいメニューを考えて発表するために，他者に配慮しながら，ていねいな表現を使って注文や値段を尋ねたり答えたり，メニューについてまとまりのある話を聞いて理解したり，考えや気持ちを伝え合ったりすることができる。また，メニューや注文に関する簡単な語句を推測しながら読んだり，書き写したりすることができる。

2　主な表現及び語彙
・表現：What would you like? I'd like（spaghetti）.
This is for（my brother）. / It's for（my brother）.
How much? It's（970 yen）. Here you are. Thank you.
・語彙：飲食物（curry, curry and rice, French fries, fried chicken, grilled fish, broccoli, parfait, yogurt, bread, drink, mineral water, tea, etc.）
家族（father, mother, sister, brother, grandfather, grandmother）
数（seventy, eighty, ninety, hundred），味覚（sweet, spicy, tasty, etc.）

その他（healthy, special, menu, main dish, side dish, dessert, etc.）

[既出] 果物・野菜，飲食物，状態・気持ち，数（1～60）

3 単元計画（8時間）　　　※ ST（第1回～第4回）については132頁の5参照

時	目標	主な活動　○評価規準（方法）
1・2	・ていねいな表現や外国の名物料理に出会い，聞いて理解するとともに，食べ物の名前や表現に慣れ親しむ。	・店員と客の対話場面の視聴を通して，英語にも相手や場に応じたていねいな表現があることに気付く。また，世界の料理を紹介した映像を視聴し，世界にはさまざまな名物料理があることを知る。デジタル教材を視聴して，国旗と国の名前と名物料理を線でつなぎ，わかったことをメモする。ST（第1回） ○映像を視聴し，国の名前と名物料理とその内容など大まかな意味が理解できる。（行動観察，ワークシート，振り返りシート）
3	・ていねいな表現や値段の尋ね方，答え方など注文に必要な語彙や表現などを聞いて理解する。	・レストランでの会話を通して，ていねいに応答する表現を知り，登場人物がどの料理を注文したかを聞き取り，線で結ばせる。また，料理の値段を聞き取り，紙面に記入する。 ○注文内容と価格が聞き取れる。（ワークシート）
4	・ていねいな表現や食べ物の味や特徴の言い方，値段の尋ね方，答え方など注文に必要な語彙や表現などに慣れ親しむ。	・注文の尋ね方や答え方，味覚や食べ物の特徴を表す表現，値段の尋ね方や答え方などの会話を聞いて，内容をワークシートに書き取る等の活動を行う。ST（第2回） ○ていねいな表現や値段の尋ね方・答え方が言える。（行動観察，ワークシート）
5	・自分たちの好きな料理を注文し合う。	・先生のメニューを聞いて理解する。次に，メニューを見て，客と店員に役割分担し，値段を尋ねたりして，自分の好きな料理（主食，副菜，デザート，飲み物）を注文する。その後，クラスの前で何組かのペアがやり取りをしたり，何人かの児童が発表する。 ○他者に配慮して，好きな料理をていねいに注文し合う。（第1時に同じ）

6	・誰かのために栄養バランスのよいメニューを考える。	・誰が誰のためにどんなメニューを作ったかを聞き，人物とメニューを線で結ぶ。その後，食品を栄養素（緑：ビタミン，赤：たんぱく質，黄：炭水化物）に分けるクイズを行う。最後に誰かのために栄養バランスも考えてメニューを考え発表する。ST（第3回） ○考えたメニューを発表できる。（第4時に同じ）
7	・店員と客に分かれて，誰かに食べてもらいたい外国の名物料理からなるメニューを考えて，国際フェアでやり取りし合う。	・調べてきた外国の名物料理の中から，誰かに食べてもらいたいメニューを考え，注文のやり取りをする。次に，模擬国際フェアを開催し，前半と後半で店員と客の役割を交替し，注文のやり取りをして料理を購入し，プレートにはる。次に，クラスの前で，何組かのペアでやり取りをしたり，何人かの児童が購入したものを発表する。 ○考えたメニューをもとに，他者に配慮しながらていねいに注文したり受けたりができる。（第1時に同じ） ○メニュー表の料理名を推測して読んだり，注文した料理を書き写したりしている。（第1時に同じ）
8 （本時）	・前時に考えて集めたメニューをグループで互いに伝え合い，グループの代表を決める。 ・各グループの代表の発表を聞いて，給食のリクエストをするのに，どのメニューがよいかを決める。	・外国の小学生が好きな食べ物や学校給食について聞き，自分たちとの共通点や相違点に気付く。 ・グループになり，誰のためにどんなメニューを考え集めたのかを発表し合い，グループの代表メニューを決め発表する。その後，給食にリクエストしたいメニューを全員で決める。ST（第4回） ○外国の小学校の給食との共通点や相違点について知る。（第4時に同じ） ○自分たちが考えたメニューを発表できる。相手の話を聞き，質問したり感想を伝えたりしている。（パフォーマンス評価，振り返りシート）

4 準備物

料理の写真や絵カード，メニュー，料理や注文などを記入するワークシート，和英辞書（クラスに数冊用意。表現活動で必要な場合，適宜使用。）

5 Small Talk の指導計画

本単元では，以下に示す4回の Small Talk を行う。第1回（第1時）と第4回（第8時）の話題は「好きな世界の料理」，第2回（第4時）の話題は「料理と味覚」，第3回（第6時）は「栄養バランスのよいメニュー」である。全体を通して「指導者─クラス全体」「指導者─児童」のやり取りの中で，必要な語彙や表現を導入したり，既習表現の復習をしつつ，児童に題材や活動への興味を高め，やり取りや発表のモデルになるように工夫する。

・第1回（第1時），第4回（第8時）「好きな世界の料理」

T：What food do you like? I like curry very much. Curry is delicious and nutritious. Do you like curry? Yes? Good.
What kind of curry do you like? Beef curry? Pork curry? Vegetable curry?（児童に手を挙げさせる）
I especially like seafood curry. It's very tasty and healthy.
It has a lot of seafood: shrimp, squid, and scallop（写真を見せながら）.
I eat it with naan bread and lassi, a yogurt drink. Mm… yummy!
Do you want to try it?

・第2回（第4時）「料理と味覚」

T：What would you like to eat? Pizza, beef steak, hamburger, or sushi? What would you like? How about you, S1?

S1：I'd like beef steak. It's tasty.

T：Oh, you'd like beef steak. Me, too. It's delicious. How about you, S2?

S2：Pizza.

T：OK. You'd like pizza. Would you like salad or any drink？ Orange juice？ （以下，略）

・第3回（第6時）「栄養バランスのよいメニュー」

 T：Look at this menu. This is for my brother. What color do you see?

 Ss：Green, red, yellow....

 T：Yes. Green foods have vitamins, red foods have proteins, and yellow foods have carbohydrates. It's a well-balanced menu.（以下，略）

6 読むこと・書くことの指導計画

　読むこと・書くことの指導計画は以下の通りである。単語から表現へと音声で慣れ親しんだものを，ワードサーチなどの活動も入れながら，選ぶことから自分の伝えたいことを4線上にていねいに書く指導を心がけたい。

第5時：児童用カードに印字された家族の呼称を表す単語（father, mother, sister, brother, grandmother, など）をワークシートに書き写す。

　　　・ワードサーチ：隠された食べ物の名前を探す。食べ物の名前を書く。

第6時：I'd like <u>pizza</u>. It's for <u>my sister</u>.（好きな食べ物と家族の呼称）

第7時：What would you like? I'd like <u>spaghetti</u>.

　　　英語のメニューを見て情報を読み取り，注文した料理（メインディッシュ，サイドディッシュ，デザート，ドリンク）の単語を選択して書く。

第8時：I'd like <u>curry and rice</u>. It's <u>delicious</u>.（好きな食べ物と感想）

7 本時の展開（8/8時）

　児童は，前時までに料理の言い方，味や感想の伝え方，注文の仕方，値段の尋ね方や答え方などの表現に慣れ親しんでいる。本時は，前時の模擬国際フェアの場面設定で，外国の名物料理の中から購入したメニューを各グループで発表する活動を行う。その後，クラスの前で各グループの代表メニューを発表し合い，最終的にもっともよいものを1つ選び給食にリクエストすることを目標とする。食を通じて国際理解の視点も持たせたい。本時の流れは以下の通りである。

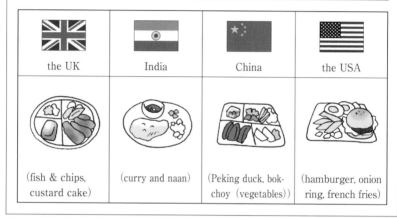

外国の小学校の給食

	例	1	2	3
国名	イギリス			
料理	フィッシュアンドチップス，ケーキ，パンと紅茶			

the UK	India	China	the USA
(fish & chips, custard cake)	(curry and naan)	(Peking duck, bokchoy (vegetables))	(hamburger, onion ring, french fries)

図1　リスニング用ワークシート「外国の小学校の給食」

①挨拶，ウォームアップ（7分）

　挨拶の後，Foods Jingle を言う。日本語との音の違いに気をつけながら食べ物の名前を言う。その後 What would you like? チャンツを言う。

②導入と国際理解（リスニング）（10分）

　外国の小学校の給食について，世界地図，イラストや写真を見せながら聞かせ，聞き取れた情報をワークシートに記入させる（図1）。これは，児童がこの後に行う活動のモデルを示すことにもなる。数か国を選んで行うとよい。

（例）（英国の国旗と給食の写真を見せながら）

　　This is a UK school lunch. Fish and chips and custard cake are traditional foods. They are very delicious. I eat them with bread and tea.

③コミュニケーション・自己表現への橋渡し活動：Small Talk（8分）

　本時の Small Talk は，本単元の最終回の Small Talk（132頁5参照）であり，次のコミュニケーション・自己表現活動への橋渡しとなる。ここでは，先生が児童を巻き込みながら話した後，それをモデルに，児童同士でやり取りを相手を替えて2回行い，最後に数組のペアに発表させる。

④コミュニケーション・自己表現活動：Activity（17分）

【前半】（8分）

　児童が前時に集めた食べ物のイラストを描いたワークシート（図2参照）を示しながら（児童は第5時から少しずつ英語を書いている），4～5人グループで1人ずつ発表する。その際，誰のためのものか，理由も付け加える。その後質問をする。他者意識をもたせて，コミュニケーションを意識させる。

SS：What would you like?

S1：I'd like beef steak, French fries, cake, bread and milk. This is for my brother. He is a soccer player. He is always very hungry.

S2：How old is he?

S1：He is 18 years old.

S3：Great! You are so kind.

「＿＿＿＿さんのためのメニュー」

My favorite food（国名　　　　　　）　　　Name＿＿＿＿＿＿＿＿＿＿

Main Dish：I'd like＿＿＿＿＿＿＿＿＿＿＿.

Side Dish：I'd like＿＿＿＿＿＿＿＿＿＿＿.

Dessert：I'd like＿＿＿＿＿＿＿＿＿＿＿.

Drink：I'd like＿＿＿＿＿＿＿＿＿＿＿.

This is for my＿＿＿＿＿＿＿＿＿＿＿.

（理由）＿＿＿＿＿＿＿＿＿＿＿＿＿.

図2　発表用ワークシート「○○さんのためのメニュー」

【後半】（10分）

　グループで代表メニューを1つ決める。その際，なぜそのメニューがよいのかを考えて話し合わせたい。その後，各グループが前に出て，1人1文ずつ言う。質問や感想があれば言い合う。最後に，給食にリクエストしたいメニューを全員で決める。

応用・発展活動 「世界の食事情を知ろう。」

　ソマリア，ケニア，ホンジュラスの児童の給食を見せて，お粥や豆が1日1食彼らの唯一の栄養源になっていること，一方，日本では多くのお弁当が棄てられている現状を示し，互いに感想を共有し，国際理解へとつなげる。

⑤振り返りと終わりの挨拶（3分）

　振り返りシートに感想も含めて書かせる。世界にはいろいろな食べ物があることや，給食の目的や意義，誰かのために栄養バランスのよい食べ物を考え，一緒に食べることの喜びなどに気付かせたい。

8　指導上の留意点

　本題材を取り上げる際には，家族で一緒に食事がとれなかったり，十分食べられない児童への配慮が必要である。また，外国に対するステレオタイプを植えつけないように留意したい。

　また，学校の食育や家庭科，社会などとも関連させると，広い視野で深く考えさせることができる単元となろう。例えば，児童が考え，みんなで選んだ給食メニューの栄養価を家庭科の資料で調べ，protein, carbohydrate, vitamin, fat ごとに計算させる。さらに，食材がどこの国や地域から来ているかを個人やグループで調べさせるなど，発展的な活動を通して児童の知的好奇心をくすぐりたい。

6節 「友達になろう」(Hi, there! You're my friend.)（第6学年）

　本単元は，児童が自分や相手のことを話したり，尋ねたりしながら，相互に理解を深める題材の1つである。また，自己紹介を通して知った友達のことを他の人に伝える他者紹介へとつながる題材でもある。

　なお，児童が活発に自分のことを伝えたり，相手の話す内容を受け入れる教室の環境づくりも大切な要素である。活発に発表することが，自分の表現力を高めるだけでなく，周囲の児童にも新たな発見を促す「学びの互恵性」につながることを大切にしたい。また，既習の表現を使って，児童のやり取りや「読む」「書く」活動につなげたい。

1　単元目標

　自分のことをわかってもらったり相手のことをわかったりするために，好きなものや好きなこと，得意なことなど，自己紹介に関する具体的な情報を聞き取ったり，伝えたい内容を整理して話したりすることができる。自己紹介に関する情報について音声で十分に慣れ親しんだ語句や表現を用いて読むことができる。また，例文を参考に自分のことについて書くことができる。

2　主な表現及び語彙

・表現：What class are you in? I'm in [the 6th grade, class 3/Ms. Yamada's class]. What [sports / colors / fruit / subjects / animals] do you like? What is your favorite [sport / color / fruit / subject / animal]? I like (sports). I can (play softball) well. I'm good at (running). I don't like (math). When is your birthday? My birthday is (February 7th). My nickname is (Masa). Please call me (Masa).

・語彙：動作に関する語 (dribbling, shooting, passing, painting, drawing, singing, cooking, making cakes, etc.)

［既出］スポーツ，教科，色，食べ物，動物，月など

3 単元計画（8時間）　　　※ST（第1回〜第4回）については139頁の5参照

時	目標	主な活動　　○評価規準（方法）
1・2	既習の基本的な表現を使い，世界の子どもたちや身近な人々の自己紹介を聞いて理解する。	・自己紹介を聞いて，聞き取った内容を発表する。所属クラス，好きなスポーツ，動物などを聞いて，絵と人物を一致させたり，表を完成させたりする。ST（第1回） ○聞き取った内容を発表できる。（行動観察，ワークシート）
3・4	ペア，グループで好きな動物，スポーツ，教科，食べ物，誕生日を伝え合う活動を通して，自己紹介の表現に慣れ親しむ。	・指導者とのST（第2回）のやり取りを参考に，グループ内で好きなもの（動物，スポーツ，教科，食べ物）と誕生日について話したり，尋ねたりする活動をする。ST（第3回） ○自分の誕生日や自分の好きなもの（動物，スポーツ，教科，食べ物）を発表できる。また，相手に尋ねることができる。（行動観察）
5・6（本時）	動作を表す表現を復習する。自己紹介に必要な表現（好きなもの，得意なこと）を，絵カードなどの補助教材を使いながら，ペア，グループで伝え合う。	・好きな教科，スポーツに関連する得意な動作，活動を表す英語を使って，自己紹介で伝える内容を豊かにする。自己紹介の準備として，ペア，グループで互いに紹介する活動をする。ST（第4回） ○自分のこと（名前，ニックネーム，誕生日，好きなこと，得意なこと）を発表できる。（第1時・第2時に同じ）
7・8	自己紹介のワークシートを見ながら自分のことを伝えることができる。また，友達の自己紹介を聞いて，関連した質問ができる。	・ワークシートを見ながら自分のことについて発表できる。また，友達の自己紹介を聞いて，その内容に関連したことを尋ねる活動をする。 ○自分に関する5種類の情報を伝え合うことができる。（行動観察，ワークシート，振り返りシート） ○友達の自己紹介を聞いて，関連した質問ができる。（第3時・第4時に同じ）

4　準備物

　絵カード（スポーツ，教科，動物等），ワークシート，発表に使う写真やイラスト

5 Small Talk の指導計画

　本単元では，以下に示す4回の Small Talk を行う。第1回の話題は指導者の自己紹介，第2回は「ニックネーム，誕生日」について指導者と児童とのやり取り，第3回及び第4回は「好きなこと，得意なこと」を話題に児童同士のやり取りとする。

・第1回（第2時）「私の好きなもの，得意なこと」

　T：Hello. My name is Takashi. Please call me Tak. I like math. I am good at abacus, "*soroban*" in Japanese. What is your favorite subject, S1?

　S1：I like science.

　T：Oh, you like science. That sounds great.

・第2回（第3時）「私のニックネームと誕生日」

　T：Hello, my nickname is Tak. What is your nickname?

　S1：My nickname is Sho-chan.

　T：Oh, Sho-chan. Can I call you Sho-chan?

　S1：Yes.

　T：Sho-chan, my birthday is February 7th.
　　　When is your birthday?

　S1：It's April 15th.

・第3回，第4回（第4時，第5時）「自分のことを伝えよう」

　S1：I like arts and crafts. I can draw pictures well.

　S2：Oh, you can draw pictures well. That's great. I like music.
　　　I am good at singing songs.

　S1：Oh, that's nice. I like music, too.

6　読むこと・書くことの指導計画

　読むこと・書くことの指導は以下の通りである。

第2時：My name is Takashi. Please call me Tak.（名前）

第4時：My name is Takashi. My birthday is February 7th.（名前，誕生日）

第6時：I like math.　I am good at "*soroban*".　I like soccer. I am good at dribbling and shooting.（好きなこと，得意なこと）

第8時：Hello, my name is Takashi. Please call me Tak. My birthday is February 7th. I like soccer. I am good at shooting. What's your favorite sport?（名前，誕生日，好きなこと，得意なこと，相手への質問）

7　本時の展開（6／8時）

　児童は，第5時までに自分の情報（名前，ニックネーム，誕生日，好きな教科，スポーツ，得意なこと，など）についての語彙や表現に慣れ親しんでいる。自己紹介のモデルを参考に，口頭練習後，自己紹介の英文を書く活動を行う。本単元のゴールとなる活動は，ペアで自己紹介のやり取りを行い，互いに聞いた内容について質問や感想を言う活動を行う。本時の流れは以下の通りである。

①挨拶，ウォームアップ，復習（13分）

　挨拶や天候などの定型表現を使ったやり取りの後，リスニングクイズを行う。黒板に次頁の図1「好き，嫌いと得意なこと」をはる。図はそれぞれの人物の教科，動物の好き嫌いや得意なことを示している。

　　T：Please guess who I am. I'll give you three hints. Hello, friends.
　　　　I like P.E. I can swim well. I don't like social studies.
　　Ss：Are you Emi?
　　T：Great. I am Emi.
　　あるいは，次のように児童に質問をさせながら，進めてもよい。
　　T：Please guess who I am. I like dogs.
　　S1：Are you Aya?
　　T：No, I'm not. You can ask me a question.
　　S2：Are you good at swimming?
　　T：Yes. I can swim well.
　　S3：Are you Mai?
　　T：No, I'm not Mai. Who am I?
　　S3：Oh, I got it. You are Emi.

②慣れ親しませる活動：リスニングからスピーキング活動へ（12分）

　本単元で学習してきた語彙や表現の定着を図るため，4人グループを作

	Mai	Masa	Emi	Kohei	Aya
好きな教科	P.E.	P.E.	P.E.	math	math
嫌いな教科	math	math	social studies	social studies	social studies
好きな動物	dog	cat	dog	cat	dog
嫌いな動物	frog	snake	snake	frog	snake
得意なこと	swim	play the piano	swim	swim	play the piano

図1　好き，嫌いと得意なこと（参考：*One World Smiles 5, 6*（教育出版））

り，他の人と紹介する人物が重ならないようにして図1の5人の中から4人を選ぶ。グループ内でそれぞれの人物になったつもりで発表させる。発表の際に，表1の「人物カード」（次頁参照）を配布して，カードに示した内容を伝えるように指示する。なお，誕生日の紹介については，図1の「好き，嫌いと得意なこと」の項目に含まれていないので，児童自身の誕生日を伝えるように指示する。

　各グループで発表後，話し手として聞き手を意識して声の大きさや話す速さを考えたか，聞き手として，うなずいたり，"OK."，"I see."，"Right."，"Great." などの表現を使って反応しながら聞いていたかを指導し，コミュニケーション活動への橋渡しとする。

表1　人物カード

Ⓐ ①名前を言いましょう。 ②好きな教科を言いましょう。 ③得意なことを言いましょう。 ④自分の誕生日を言いましょう。	Ⓑ ①名前を言いましょう。 ②好きな教科を言いましょう。 ③嫌いな動物を言いましょう。 ④自分の誕生日を言いましょう。
Ⓒ ①名前を言いましょう。 ②嫌いな教科を言いましょう。 ③得意なことを言いましょう。 ④自分の誕生日を言いましょう	Ⓓ ①名前を言いましょう。 ②自分の誕生日を言いましょう。 ③嫌いな教科を言いましょう。 ④好きな動物を言いましょう。

③コミュニケーション・自己表現活動（15分）

　指導者は，図2の「自己紹介カード」に基づきモデル発表をして，活動の目的を児童に伝える。なお児童が自己紹介カードを完成させるために必要な語彙を黒板にはる。またはカテゴリー別（教科，スポーツ，動作，月など）の語彙シートを配布して，児童が負担に感じないように配慮する。

　児童は各自で練習後，自己紹介カードを見ながらペアまたはグループ内で発表し，児童同士が教え合い，学び合う機会を提供したい。また指導者は机間指導し，児童が共通して困っている語彙や表現，発音などをクラス全体で共有し，練習を行う。

This is Me.

Hello, my name is ＿＿＿＿＿＿＿＿＿＿＿＿＿＿＿＿＿＿＿. （名前）
Please call me ＿＿＿＿＿＿＿＿＿＿＿＿＿＿＿＿＿＿. （ニックネーム）
My birthday is ＿＿＿＿＿＿＿＿＿＿＿＿＿＿＿＿＿＿. （誕生日）
I like ＿＿＿＿＿＿＿＿＿＿＿＿＿＿＿. （好きな教科またはスポーツ）
I am good at ＿＿＿＿＿＿＿＿＿＿＿＿＿＿＿＿. （得意なこと）
Thank you for listening.

図2　自己紹介カード

《代案》「読む活動から話す活動へ」

　児童の話す活動のモデルとして，マンガのキャラクターの自己紹介文（次頁の表2参照）を読ませる。既習表現で構成された数点のモデル文を用

表2　自己紹介モデルカード

A：ドラえもん（Doraemon）	B：野比のび太（Nobita）
Hello, I am Doraemon.	Hello, my name is Nobi Nobita.
Please call me Dora-chan.	I'm in the 4th grade.
My birthday is September 3rd.	I like reading comic books.
I like *dorayaki*.	I don't like studying.
I don't like mice.	I am good at playing *ayatori*.
Do you have any questions?	That's all, thank you.
C：剛田武（Gian）	D：ドラミちゃん（Dorami）
Hello, I am Goda Takeshi.	Hello, my name is Dorami.
My nickname is Gian.	My big brother is Doraemon.
My birthday is June 15th.	My birthday is December 2nd.
I like pork cutlet rice bowl.	I like melon bread.
I can sing songs well.	I am good at cooking.
Thank you for listening.	That's all about me.

意することで，児童の個性，創造性を刺激する。グループでいずれかの
キャラクターになったつもりで，各児童に自己紹介させる。

④振り返りと終わりの挨拶（5分）

　自己紹介を通して，互いを知る機会になる。互いが認め合うために，自
己紹介後に，聞き手が相手の話した内容に関連した質問をしたり，自己紹
介の合間に Me, too., That's interesting. など共感の表現を入れることが
大切であることに気付かせたい。そのため，振り返りシートに，「友達の
反応について」に関する項目を含めておくようにする。

8. 指導上の留意点

　友達紹介への導入になる単元である。クラス全体が，互いを認め，互い
に学び合う関係づくりのために注意を払いたい。また，伝えたいことを整
理して，どのような順序で伝えればよいのかも考えさせたい。

7節 「あこがれの人を紹介しよう」(This is my hero.)（第5学年）

　本単元は，あこがれの人を紹介することを目的とする。ここでは，一人称を使って自分のことを話すことに加え，三人称単数代名詞 "he / she" を使って他者のよさについて話すことができるようになることが目標である。既習表現の can や be good at ～を使って，友達と得意なことを交流し，認め合うことで自尊感情を高めさせたい。また，さまざまな人のよさを知り，自分も夢に向かって頑張ろうという気持ちを持たせたい。

1　単元目標
　友達のあこがれの人について知ったり，自分のあこがれの人について知ってもらったりするために，友達や家族らのできることや得意なことについて聞いたり言ったりするとともに，あこがれの人について自分の考えや気持ちを含めて発表することができる。また，簡単な語句や表現を推測して読んだり書き写したりすることができる。

2　主な表現及び語彙

・表現：Who is your hero?
　This is my hero. ［He / She］is from ［Fukuoka / America, etc.］.
　［He / She］is a ［tennis player / doctor, etc.］.
　［He / She］is good at ［playing the piano / speaking English, etc.］.
　［He / She］can ［cook / sing, etc.］very well.
　［He / She］is ［active / brave, etc.］.

・語彙：性格・様態（active, brave, cool, cute, famous, fantastic, friendly, funny, gentle, great, kind, nice, smart, strong, tough, wonderful, etc.）

　［既出］動作，スポーツ，職業

3 単元計画（8時間）　　＊ST（第1回～第3回）については146頁の5参照

時	目標	主な活動　　○評価規準（方法）
1	・単元のゴールの活動を知り，できることを尋ねたり答えたりする。	・人物紹介の映像を見て単元のゴールの活動を知り，色や大きさ，できること等のヒントをもとに動物クイズに答える。次に，Can you ～？を使ってペアで会話の練習をした後，相手を見つけて4～5人にインタビューをする。 ○できることを尋ねたり答えたりすることができる。（行動観察，ワークシート，振り返りシート）
2	・得意なことの言い方に慣れ親しむ。	・ST（第1回）。出身地や得意なこと等のヒントをもとに「校内の先生クイズ」に答える。その後，人物の得意なことについてのリスニングを行い，ペアで得意なことについて会話をする。 ○得意なことを聞いたり言ったりすることができる。（第1時に同じ）
3	・第三者のできることや得意なことの言い方に慣れ親しむ。	・絵本（*What can you do?*）の読み聞かせ，第三者のできることや得意なことについてのリスニングを行う。その後，第1時のインタビューで得た「できること」に関する情報を，He / She を使ってグループ内の児童に伝える。 ○第三者のできることや得意なことを聞いたり言ったりすることができる。（第1時に同じ）
4	・性格や様態の言い方に慣れ親しむ。	・ST（第2回）。性格や様態についてのポインティングゲーム，カード並べゲーム，リスニングを行う。 ○性格や様態について聞いたり言ったりすることができる。（第1時に同じ）
5	・あこがれの人を紹介する表現を理解する。	・あこがれの人を紹介する表現が含まれているチャンツ（例：*We Can! 1* Unit 9 "Who is your hero?"），人物クイズ（he / she の区別，できることや得意なこと，性格や様態等のヒントをもとに答える），あこがれの人の紹介についてのリスニングを行う。 ○あこがれの人を紹介する表現を聞いたり言ったりすることができる。（第1時に同じ）

6	・あこがれの人についてのまとまった話を聞き，その人のできることや得意なことなどを理解する。	・ST（第3回）。チャンツ，人物クイズ，あこがれの人についてのまとまった話のリスニングを行う。 ○あこがれの人についてのまとまった話を聞き，できることや得意なことなどを聞き取ることができる。（第1時に同じ）
7	・ペアで，あこがれの人について，自分の考えや気持ちを含めて伝え合う。	・チャンツ，あこがれの人についてのまとまった話のリスニングを行う。その後，発表内容を考えペアで会話をする。 ○ペアで，あこがれの人について，自分の考えや気持ちを含めて伝えることができる。（第1時に同じ）
8 （本時）	・あこがれの人について，自分の考えや気持ちを含めて発表する。	・チャンツの後，指導者のあこがれの人紹介を聞き，発表の仕方について話し合う。その後，ペアで発表の練習を行い，グループ内で発表する。 ○他者に配慮しながら，あこがれの人について，自分の考えや気持ちを含めて発表することができる。（行動観察，振り返りシート）

4 準備物

性格や様態等に関する絵カード，つづりが書かれた単語カード，インタビュー及びリスニング用ワークシート，人物紹介カード（148頁参照），絵本（中本，2011）

5 Small Talk の指導計画

本単元では，以下に示す3回の Small Talk を行う。第1回（第2時）は「校内の先生」，第2回（第4時）は「家族」，第3回（第6時）は「有名人」のできることや得意なことなどである。5年生を対象としている本単元は，まとまりのある英語を聞くことを重視しているため，Small Talk はすべて「指導者─児童」で行う。（　　）内の発話は児童の発話である。

・第1回（第2時）「校内の先生」

Ms. Tanaka is a good teacher. Do you know Ms. Tanaka?（Yes.）She is good at singing. Do you like singing?（Yes. / No.）She can sing many songs. She can speak French. What is "French"?（フランス語？）

Yes. French is "フランス語" in Japanese. She is a nice teacher.

・第２回（第４時）「家族」

Look at this picture. Who is this?（おじいさん？）Yes. This is my grandfather. He is 87 years old. He is good at running. He can run five kilometers every day. Can you run five kilometers every day?（No.）He is strong and healthy.

・第３回（第６時）「有名人」

Look at this picture. Do you know this person?（No.）This is Tsujii Nobuyuki. He is a pianist. He is from Tokyo. He is blind. Do you know what "blind" means?（No.）He can't see anything. He is good at playing the piano. Can you play the piano?（Yes. / No.）He is famous all over the world.

6　読むこと・書くことの指導計画

読むこと・書くことの指導計画は以下の通りである。

①単語を推測して読む。

第５時：動作に関する既習の単語を推測して読んだり，つづりが書かれた単語カードでポインティングゲームをしたりする。

第６時：スポーツに関する既習の単語を推測して読んだり，つづりが書かれた単語カードを３×３に並べてビンゴゲームをしたりする。

第７時：職業に関する既習の単語を推測して読んだり，つづりが書かれた単語カードでカード並べゲーム（指導者が読み上げる順番にカードを並べる）をしたりする。

②人物紹介カード作り

第１時から第７時まで，１枚のシートに１文ずつ書き足していき，最後に人物の絵を描く（または写真をはる）。文中の下線部には，学習した語句の中から自分が表したいものを選んで書き写す。ただし，未習語を使う必要が生じた児童には，個別に指導する。完成した人物紹介カード（次頁，図１参照）は，第８時の発表で使用する。また，学習後に学級内に掲示し，全員が自由に見ることができるようにする。

第１時：This is my hero.

第2時：[He / She] is 人物名.
第3時：[He / She] is from Fukuoka.
第4時：[He / She] is a good singer.
第5時：[He / She] is good at playing the piano.
第6時：[He / She] can speak English very well.
第7時：[He / She] is active.

図1　人物紹介カードの例

7　本時の展開（8/8時）

　児童は，第7時までに，Small Talk，ゲーム，チャンツ，クイズ，リスニング，ペアでの会話等を通して，あこがれの人について紹介するために必要な表現や語彙に慣れ親しんでいる。それを受けて本時は，自分のあこがれの人について発表する。本時の流れは以下の通りである。

①挨拶，ウォームアップ，めあての確認（5分）

　挨拶や天候，曜日，日付などのやり取りをした後，学習計画表をもとに本時のめあてを確認する。

②復習：チャンツ（5分）

　前時までに学習した表現の復習と，英語らしいリズムで言うための練習としてチャンツを行う。

　例：*We Can! 1* Unit 9　Let's Chant "Who is your hero?"
《代案》人物説明

　第2時の「校内の先生クイズ」や第5，6時の「人物クイズ」で出題した人物をグループごとに割り当てる。児童はグループで協力し，前時までに学習した以下の表現を使ってその人物について説明する。第2時や第5，6時のクイズにおいては，児童は人物についての説明を聞き，誰なの

かを答えるだけであったが，ここでは児童がその人物を説明することになる。

This is（名前）.［He / She］is from（出身地）.

［He / She］is a good（職業等）.［He / She］is good at（得意なこと）.

［He / She］can（できること）very well.［He / She］is（性格や様態）.

③リスニングからスピーキングへ：指導者のあこがれの人紹介を聞く。（5分）

児童の発表の前に，指導者が人物紹介カードを見せながら，あこがれの人紹介を行う。これが児童の発表のモデルとなる。紹介後，指導者は聞き取れた単語や文について発表させ，その文をもう一度言うことで児童の理解を促す。

指導者による紹介例：

This is my hero. He is Noguchi Hideyo. He is from Fukushima. He is a good doctor. He is good at science. He can speak English. He is great.

ここで相手を意識して話すことの大切さを捉えさせたい。聞き手を見て話すこと，はっきりした声で話すこと，笑顔で話すこと，ジェスチャーを使うこと，聞き手の反応を見ながら，ゆっくり話したり，間をおいたり，強調したりすること，等である。よい聞き方については，内容に注目する，発表者を見る，うなずくなどの反応をする，メモをとる，質問をする，感想を言う，等である。

④コミュニケーション・自己表現への橋渡し活動：ペア練習（5分）

発表の前に，ペアで交互に練習を行い，③で話し合ったよい話し方ができているかについてお互いに助言し合う。

⑤コミュニケーション・自己表現活動：グループ内発表（15分）

ペアで練習した相手を含まないグループで，人物紹介カードを見せながら1人ずつ発表する。聞き手は，発表ごとに内容や発表の仕方等についての感想を言う。

聞き手の発言例：

（内容について）Osaka Naomi is cool. Otani Shohei is wonderful.

（発表の仕方について）Clear voice. Good eye contact.

[応用・発展活動] 「その場での質問に答える Q&A」

　実際のコミュニケーションで必要な，状況等に合わせてその場でやり取りができる力を育成するため，ALT や指導者の質問に即興で答える機会を設ける。児童は自分の持っている英語力を最大限使って反応しなければならない。当該児童が答えられない場合，発表者以外の児童が何と答えたらよいかを考えて助けるようにするとよい。

・ALT の質問例：（大谷翔平について発表した児童に対して）

　Do you play baseball? Which professional baseball team do you like?

⑥感想を全体へ発表する（5分）

　グループ内の発表を聞いて，初めて知ったこと，意外だったこと，発表の仕方でよかったこと，等を全体に向けて発表する。

・児童の発表例：

　国枝慎吾さんが車いすテニスで 23 回も優勝していることに驚きました。

　Aさんが，笑顔ではきはきと発表していたのでよかったです。

⑦振り返りと終わりの挨拶（5分）

　振り返りシートに，目標に沿って自分の学びを記録させる。

・児童の記述例：

　尊敬するエジソンについて，自分の考えや気持ちを含めて伝えることができました。

8　指導上の留意点

　単元のはじめに，指導者の話題提示を通して，単元の最後には自分のあこがれの人について紹介をしたいという思いを持たせることが大切である。そして，単元のゴールの活動に至るまでの見通し（必要な語彙や表現を何時間かけて学習するか）を児童につかませる。また，本当に伝えたい人物ついて発表させることが大切である。紹介する人物を決める際，国語科の伝記の学習と絡めたり，総合的な学習の時間にインターネットや図書室で人物について調べる機会を設けたりすると効果的である。

8節 「日本文化を紹介しよう」（Welcome to Japan.）（第6学年）

　本単元は，季節と絡めながら日本の行事や祭り，食べ物，名所などを紹介することを目的とする。日本文化を紹介することで，改めてそのよさを感じ取らせたい。また，ALT に伝える等，相手意識を持って日本文化を紹介させたい。伝えたいものを決める際，社会科や総合的な学習の時間で学習したことを想起させたり，図書室でさらに調べさせたりする。地図帳を利用し日本にある世界文化遺産について調べさせるのもよい。他教科等との関連を図ることで，日本文化への理解をさらに深めることができる。

1　単元目標
　日本文化について ALT 等によく知ってもらうために，日本の行事や祭り，食べ物と味覚，名所とその様子などについて具体的な情報を聞き取ったり，紹介したい日本文化についてそのよさを伝えたりすることができる。また，モデル文を参考に日本文化を紹介する文を読んだり書いたりすることができる。

2　主な表現及び語彙

・表現：Welcome to Japan. I want to introduce ［*miso* soup / Himeji Castle, etc.］ to you.
　We have ［*hanami* / a fireworks festival, etc.］ in ［spring / summer, etc.］. We have ［*soba* / *umeboshi*, etc.］. It's ［delicious / sour, etc.］.
　You can ［enjoy / drink / see, etc.］ ［green tea / *kimono*, etc.］.
　Please try it.
・語彙：日本文化（culture, event, castle, temple, shrine, garden, park, cherry blossom），味覚（sweet, bitter, salty, spicy, etc.），状態（big, small, old, new, soft, hard, healthy, beautiful, exciting, famous, popular, etc.），動作（visit）
　［既出］飲食物，季節，月，日本の行事

3 単元計画（8時間）　　＊ST（第1回〜第3回）については153頁の5参照

時	目標	主な活動　　○評価規準（方法）
1	・単元のゴールの活動を知り，日本の行事や祭りと，それらが行われる季節の言い方に慣れ親しむ。	・ALTの自国紹介，行事や祭りに関するポインティングゲーム，カード並べゲーム，日本の行事や祭りとそれらが行われる季節についてのリスニングを行う。 ○日本の行事や祭りと，それらが行われる季節について聞いたり言ったりすることができる。（行動観察，ワークシート，振り返りシート）
2	・紹介したい日本の行事や祭りと，それらが行われる季節を伝え合う。	・行事や祭りに関するスリーヒントクイズ，行事や祭りと季節のマッチングゲーム，日本文化を紹介する表現が含まれているチャンツ（例：*We Can! 2* Unit 2 "Welcome to Japan."）を行う。その後グループ内で，紹介したい日本の行事や祭りとそれらが行われる季節を伝え合う。 ○紹介したい日本の行事や祭りと，それらが行われる季節を伝え合うことができる。（行動観察，振り返りシート）
3	・日本の食べ物とその味覚の言い方に慣れ親しむ。	・ST（第1回）。日本の食べ物とその味覚に関するミッシングゲーム，カード並べゲーム，リスニングを行う。その後，チャンツ（第2時に同じ）を行う。 ○日本の食べ物とその味覚について聞いたり言ったりすることができる。（第1時に同じ）
4	・紹介したい日本の食べ物とその味覚を伝え合う。	・食べ物と味覚に関するスリーヒントクイズ，マッチングゲームと，チャンツ（第2時に同じ）を行う。その後グループ内で，紹介したい日本の食べ物とその味覚を伝え合う。 ○紹介したい日本の食べ物とその味覚を伝え合うことができる。（第2時に同じ）
5	・日本の名所とその様子の言い方に慣れ親しむ。	・ST（第2回）。名所や様子に関するキーワードゲーム，カード並べゲーム，リスニングを行う。その後，チャンツ（第2時に同じ）を行う。 ○日本の名所とその様子について聞いたり言ったりすることができる。（第1時に同じ）

6 （本時）	・紹介したい日本の名所とその様子を伝え合う。	・名所や様子に関するスリーヒントクイズ，名所と所在地のマッチングゲーム，チャンツ（第2時に同じ）を行う。その後グループ内で，紹介したい日本の名所とその様子を伝え合う。 ○紹介したい日本の名所とその様子を伝え合うことができる。（第2時に同じ）
7	・日本の行事や祭り，食べ物，名所などの中から紹介したいものを決め，発表の練習をする。	・ST（第3回）。チャンツ（第2時に同じ）を行った後，次時の準備として発表用ボードの作成と発表練習を2人1組で行う。 ○積極的に，日本文化の紹介をしようとしている。（第2時に同じ）
8	・日本の行事や祭り，食べ物，名所などの中から紹介したいものについて2人1組で発表する。	・チャンツ（第2時に同じ）を行った後，指導者の日本紹介を聞いて発表の仕方について話し合う。次に，グループ内で練習し，最後にALTに向けて日本文化を紹介する。 ○他者に配慮しながら，日本文化について紹介することができる。（行動観察，ルーブリックに基づくパフォーマンス評価（41頁参照），振り返りシート）

4　準備物

　絵カード（味覚や状態），リスニング用ワークシート，発表用ボード（紹介するものの英語表記と写真等），日本紹介用ワークシート

5　Small Talk の指導計画

　本単元では，以下に示す3回の Small Talk を行う。第1回（第3時）は第1時及び第2時で学習した表現（日本の行事や祭りと季節）を，第2回（第5時）は第3時及び第4時で学習した表現（日本の食べ物とその味覚）を，第3回（第7時）は第5時及び第6時で学習した表現（日本の名所とその様子）を使う。第1回の Small Talk では主として「指導者—児童」，第2回及び第3回は「児童—児童」のやり取りとしたい。「児童—児童」の Small Talk では，1度目のやり取りの後に中間振り返りを行い，言えなかった表現を児童から吸い上げ，学級全体で既習の表現等をたよりに考える。そして，2度目のやり取りに生かすことができるようにする。

・第1回（第3時）「日本の行事や祭り」

T：I want to introduce a Japanese event to Mr. Hunter（ALT）.（花見の写真を見せながら）We have *hanami* in spring. We can see beautiful cherry blossoms. What Japanese culture do you want to introduce to Mr. Hunter, S1?

S1：I want to introduce a Japanese festival. We have a snow festival in winter.

T：Oh, nice. How about you, S2?

S2：I want to introduce a Japanese event. We have Dolls' Festival in March.

T：That's a nice idea.

・第2回（第5時）「日本の食べ物とその味覚」

S1：I want to introduce *miso* soup to Mr. Hunter. It's healthy. How about you?

S2：I want to introduce *oden*. It's delicious.

S1：That's a good idea.

・第3回（第7時）「日本の名所とその様子」

S1：I want to introduce a Japanese shrine to Mr. Hunter. We have Itsukushima Shrine in Hiroshima. It's beautiful. How about you?

S2：That's a nice idea. I want to introduce a Japanese castle. We have Osaka Castle in Osaka. It's very big.

S1：That's good.

6　読むこと・書くことの指導計画

　読むこと・書くことの指導計画は以下の通りである。第1時から第6時まで，1枚に1文を書くことができる4線と絵を描く（または写真をはる）スペースのあるシートに，毎時間1文ずつ書きためていく。文中の下線部には，学習した単語の中から選択して書き写せるようにすることで，表現したい文を書くことができるようにしたい。未習語を使う必要が生じた児童には個別に対応する。最後に，書きためたシートを1冊に綴じ，日本紹介ガイドブックを作成する。

第1時：Welcome to Japan.

第2時：We have *hanami* in spring.

第3時：We have *tempura* in Japan.

第4時：It's delicious.

第5時：We have Kinkakuji Temple in Kyoto.

第6時：You can see a beautiful temple.

図1　日本紹介ガイドブックのページ例

　書く活動を行う際は，事前に，使用する単語や表現の音声に十分慣れさせる必要がある。また，事後は書き写した文を声に出して読ませたい。その際，単語を一つひとつ読むのではなく，英語らしいリズムを崩さずに読むことを心がけさせたい。発展活動として，海外の小学校に送るなどの目的意識を持って書かせることで，児童の書く意欲を高めることができる。

7　本時の展開（6/8時）

　児童は，第5時で，Small Talk，ゲーム，リスニング，チャンツ等を通して，日本文化について紹介するために必要な語彙と，10か所の名所（例：大阪城，姫路城，熊本城，金閣寺，東大寺，後楽園，平和公園，厳島神社，日光東照宮，出雲大社）とその状態についての表現に慣れ親しんでいる。それを受けて本時は，紹介したい名所とその状態についてグループ内で伝え合うことが目標である。本時の展開は以下の通りである。

①挨拶，ウォームアップ，めあての確認（5分）

　挨拶や天候，曜日，日付などのやり取りをした後，学習計画表をもとに本時のめあてを確認する。

②復習：スリーヒントクイズ（5分）

　前時に学習した日本の名所と様子に関する単語を，絵カードまたは写真を見ながら一通り発音する。その後，指導者の3つのヒントを聞いてどの名所かを答える。4問出題する。

　　例：ヒント1　It's a castle.　　ヒント2　It's white.

　　　　ヒント3　It's in Hyogo.　　（答え　Himeji Castle.）

③リスニングからスピーキングへ：マッチングゲーム（5分）

　指導者が示す名所の写真を見て，その所在地を素早く答える。正解したら，全員で以下のように文で言う。6問出題する。

　　例：We have Korakuen Garden in Okayama.（下線部を入れ替えて，練習する）

《代案》グループで「カードマッチングゲーム」をする

　名所カードと所在地カードを数枚ずつ伏せて広げる。1人が名所カードと所在地カードを1枚ずつ表にし，名所と所在地が一致すれば全員で例のような文を言う。一致しなければカードを裏返す。これを1人ずつ順番に行う。

　　例：We have Peace Park in Nagasaki.（下線部を入れ替えて言う。）

④コミュニケーション・自己表現への橋渡し活動：チャンツ（10分）

　チャンツ（例：*We Can! 2* Unit 2 "Welcome to Japan."）を行う。次に，このチャンツの We have festivals in spring. You can enjoy *hanami*. It's beautiful. の下線部を，次の例の下線部のように自分の紹介したい内容の語句に入れ替えて発表する文を作る。その後，ペアで練習する。

　　We have Todaiji Temple in Nara. You can see the Great Buddha. It's big.

⑤コミュニケーション・自己表現活動：グループ内での名所の紹介（10分）

　グループ内で1人ずつ発表し，聞き手から内容や話し方のアドバイスを受ける。その後，グループメンバーを替えてもう一度発表する。

　児童の発表例：

　We have Kumamoto Castle in Kumamoto.　You can see Kumamon. It's famous.

　即座に新しいグループを作りたいときは，児童に一人ひとり番号を言わ

せ，同じ番号同士で新しいグループを作るとよい。例えば4グループ作り
たいときは，1，2，3，4，1，2，3，4，1，2，3，……と言わせ，同じ番号
同士で集まらせる。

応用・発展活動

　一方的な発表にならないように，聞き手の反応の仕方を指導する。

・⑤の名所紹介の場合の例

繰り返し	Kumamoto Castle
ひと言感想	That's nice. Really?
確かめ	Once more, please. Pardon?
質問	Do you like Kumamon?

⑥日本文化紹介シートを書く（5分）

　日本文化紹介シートに，本時の1文を書く。下線部は自分の伝えたい内
容に適宜入れ替える。時間に余裕があればそれに関する絵を描く。

・本時の1文：You can see a beautiful temple.

⑦振り返りと終わりの挨拶（5分）

　振り返りシートに，目標に沿って自分の学びを記録する。

・児童の記述例：

　　広島の厳島神社では，美しい赤い鳥居を見ることができると，友達に
　伝えることができました。

8　指導上の留意点

　本単元の内容は日本文化紹介なので，できるだけ外国人に向けて発表
し，反応をもらう機会を設けたい。単元のはじめにALTに自国紹介をし
てもらい，次は自分たちがALTに日本文化紹介をしたいという思いをも
たせることが大切である。第8時の発展活動として，外国の同世代の子ど
もたちと自国文化の紹介をし合う機会を設けることが考えられる。オンラ
イン会議システムを利用して，映像と音声を通した交流をさせたい。交流
先を見つけるには，ALTに学校を紹介してもらったり，学校のホームペー
ジにあるメールアドレスに交流の申し込みをしたりする方法がある。近隣
の大学の留学生センターに連絡を取り，留学生を派遣してもらい交流する
という方法もある。

9節 「私たちの町に来ませんか」(Please come to our town.) (第6学年)

　自分たちの住んでいる地域を外国語科の授業で取りあげることによって，自分たちの町のよいところを発見するきっかけとしたい。家族などの意見を聞き，誰かのために必要な施設・建物を考えることもできる。自分たちの町のお気に入りの施設や自分たちの町に欲しい施設の発表時は，学年に複数の学級があれば他学級と交流したり，保護者・地域の人に聞いてもらったり，ともに町をつくっていくという気持ちを醸成し，自分たちの町の魅力を英語で伝える力を育てたい。

1　単元目標
　自分たちの住む地域について，伝えようとする内容を整理したうえで，自分の考えや気持ち，願いなどを，相手に伝わるように発表したり，書かれた例文を参考に，音声で十分に慣れ親しんだ語句や表現を用いて書いたりすることができる。

2　主な表現及び語彙

・**表現**：Where is (the park)? Go straight (for three blocks). Turn [right / left] (at the third corner). Keep going. You can see it on your [right / left]. We [have / don't have] (a park). We can (see many flowers). We can enjoy [fishing / shopping / swimming]. I want (a park) for my (grandfather). Our town is nice. Do [we / you] have (a park)? Yes, we do. / No, we don't.

・**語彙**：施設・建物 (station, post office, hospital, convenience store, etc.), nature, 動作 (fishing, dancing, reading, shopping, etc.)

3　単元計画（8時間）　＊ ST（第1回〜第4回）については 161 頁の 5 参照

時	目標	主な活動　○評価規準（方法）
1	・施設・建物を表す語彙に慣れ親しむ。	・ST（第1回） ・スリーヒントクイズ（例）library：We can study there. We have many books. We can read the books. ・チャンツ "Where is the treasure?"（*We Can! 1* Unit 7） ○施設・建物について指導者が言う英文を聞き，該当する施設，建物を選ぶことができる。（行動観察・ワークシート）
2	・施設・建物を表す語彙及び道案内の仕方に慣れ親しむ。	・地図記号カルタ，集中力ゲーム：施設・建物の語彙に慣れ親しませる活動 ・道案内の音声を聞いて道をたどる。次に友達の道案内を聞いて，目的地を探す。 ○ Go straight for three blocks. などの表現を使って友達を案内したり，友達の案内を聞いて目的地まで行こうとしている。（第1時に同じ）
3	・友達を目的地に案内することができる。 ・自分たちの町にある施設・建物について話すことができる。	・ST（第2回） ・地図記号ビンゴ：施設・建物の語彙に慣れ親しませる活動 ・ペアで絵カードを町にあるものとないものに分ける。 ・チャンツ "I like my town."（*We Can! 2* Unit 4） ○ Go straight for three blocks. などの表現を使って友達を道案内したり，友達の道案内を聞いて目的地まで行くことができる。（第1時に同じ） ○ We have 〜 . などの表現を使い，自分たちの町にある施設・建物について話すことができる。（第1時に同じ）
4	・自分たちの町に欲しい施設・建物について伝え合う。	・ペアで自分たちの町に欲しいものについて伝え合う。 ○ I want 〜 . などの表現を使い，自分たちの町に欲しい施設・建物について伝え合うことができる。（第1時に同じ）

5	・グループで自分たちの住みたい町について話し合う。	・ST（第3回） ・We can（see many flowers）. We can enjoy（swimming）. の表現に慣れ親しむ。 ○自分たちの町にある施設・建物や欲しい施設・建物で，できることについて伝え合っている。（第1時に同じ）
6	・自分たちが住みたい町について，欲しい施設やその理由を伝え合う。	・ST（第4回） ・児童とやり取りをしながら，自分たちの住みたい町について指導者が発表のモデルを示す。 ・簡略化した地図の上に各児童が欲しい施設・建物を配置する。 ・2グループで発表し合い，感想や助言を伝え合う。 ○自分たちの町について，相手に伝わるように，欲しい施設とその理由などを話している。（第1時に同じ）
7	・自分たちが住む町について読み手に伝わるように，例文を参考に自分の考えや気持ち，願いなどを書くことができる。	・モデル文を参考に，自分たちが住む町について，他の人たちが読むことを意識して，自分の考えを書く。（書いたものは，第8時にポスターにはる。） ○自分たちが住む町について，読み手に伝わるように，自分の考えや気持ち，願いなどを書いている。（第1時に同じ）
8 （本時）	・聞き手に配慮しながら，自分たちが住みたい町について，そのよさを発表する。	・ポスターセッション形式で発表する。 ・ポスターにはられた「自分たちの住みたい町」に書かれている情報を読み取る。 ・住みたいと思う町を選ぶ。 ○自分たちの住む町について，伝えようとする内容を整理したうえで，相手に伝わるように，自分の考えや気持ち，願いなどを話している。（行動観察） ○自分たちが住む町について友達の考えや気持ち，願いなどが書かれたものを読んで意味を理解している。（行動観察・振り返りシート）

4 準備物

　施設・建物の絵カード（掲示用・児童用），道案内練習用地図（簡略化したもの，掲示用），地図記号カード（掲示用・児童用），ワークシート，地域の地図，発表用地図（児童作成），ホワイトボード，人の形をした駒

5 Small Talk の指導計画

　本単元では，以下に示す4回の Small Talk を行う。第1回（第1時）の話題は「校内の好きな場所」，第2回（第3時）は「好きな施設・建物」，第3回（第5時），第4回（第6時）は「欲しい施設・建物」である。第1回では既習表現，対話を続けるための表現を用いて校内の好きな場所についてやり取りをする。第2回，第3回は好きな理由や欲しい理由も話すように促したい。第4回は相手の欲しい施設や建物を聞いて感想を言うことを意識させたい。指導者が児童とやり取りをしながらモデルを示し，「児童─児童」のやり取りへとつなげる。

・第1回（第1時）「校内の好きな場所」

　T：It's hot today. I want to go to my favorite place in our school. What is my favorite place? Please guess.

　S1：Library?

　T：It's cool, but no.

　S2：Hint, please.

　T：OK. I like sports.

　S2：Pool!

　T：That's right! My favorite place is our swimming pool. I like swimming. You can enjoy swimming there. It's fun. Do you like swimming, S3?

　S3：No.

　T：That's OK. You talked about our favorite places when you were *4 nensei*. Do you remember that? Please ask your friends, "What is your favorite place?"

・第2回（第3時）「好きな施設・建物」

  T：I like our town. We have a nice park. We can see many flowers.
     Cherry blossoms are beautiful in spring. We can enjoy walking.
     How about you, S1? Do you like our town?

  S1：Yes. I like our swimming pool.

  T：You like our swimming pool! Do you like swimming?

  S1：Yes. I like swimming very much.

  T：That's nice. We can enjoy swimming there.

・第3回（第5時），第4回（第6時）「欲しい施設・建物」

  T：What do you want in our town? I want an adventure park for my
     children.（写真または絵を見せながら）We can enjoy a zip line. It's
     exciting! We can have a barbecue there. We can enjoy camping,
     too. How about you, S1? What do you want in our town?

  S1：I want "水族館." I like fish. We can see many fish.

  T：Oh, you want an aquarium. Thank you, S1. You have a great idea.
     I want an aquarium, too. How about you, S2? What do you want in
     our town?

  S2：I want a ballpark. I like baseball. We can play baseball.

  T：Thank you, S2. Your idea is nice! I want to watch your baseball
     games. I want a ballpark, too.

6　読むこと・書くことの指導計画

　読むこと・書くことの指導計画は以下の通りである。語彙や表現に音声
で十分に慣れ親しんだ後に，児童が推測しながら語や文を読んだり，ワー
ドボックスなどから必要な語を選び書き写したりする。第7時に，これま
でに書いた文などを参考にして，自分の考えや気持ち，願いなどを書く。

第3時：We have <u>a park</u>. We don't have <u>a swimming pool</u>.

第4時：I want <u>a swimming pool</u>.

第5時：We can <u>see many flowers</u>. We can enjoy <u>swimming</u>.

第7時：We have <u>a park</u>. We can <u>see many flowers</u>. We don't have <u>a swimming pool. I want <u>a swimming pool</u>. We can enjoy swimming.

第8時：友達が書いたものを読み，友達の考えや気持ち，願いなどを読み取る。

7 本時の展開（8／8時）

　児童は，第6時までに施設や建物についての語彙，地域の好きな施設や欲しい施設とそれを選んだ理由，また友達の話を聞いて感想を述べる表現に慣れ親しんでいる。本時は，それらを活用し，自分たちの住みたい町についてグループでポスターセッション形式の発表をする。発表後に自分の住みたい町を選び，住みたい場所に自分の家の絵カードをはる。

①挨拶，ウォームアップ（3分）

　ここでは，挨拶や天候などについてのやり取りの後，チャンツ "I like my town."（*We can! 2* unit4）を言う。グループや列で施設名を児童に入れ替えさせて繰り返す。

②発表方法の確認（5分）

　指導者が用意した地図を黒板にはる。欲しい施設を地図上にはりながら，理由や願いなど，自分の考えや気持ちとともに話す。

T：Hello. This is my favorite place. It's ABC Supermarket. You can enjoy shopping. I like cooking. It's fun. Do you go shopping there?

S1：Yes, I do. I sometimes help my mother.

T：That's nice. We don't have a movie theater. I want a small movie theater in our town. I want to enjoy new movies with my family. Do you like watching movies?

S2：Yes, I do.

　上記のやり取りの後，指導者は，"What do I want in our town?" "Why?" などと児童に尋ね，内容の理解度を確認する。

　次に，中華料理店とハリネズミカフェ（次頁図1，図2）のイラストや写真を使って，好きな店や欲しい施設を伝える発表の練習をする。

例1 中華料理店

Hello. This is my favorite place in our town.
It's a Chinese restaurant.
You can enjoy *ramen* there. It's delicious.
I like *ramen* very much.
Do you like *ramen*?

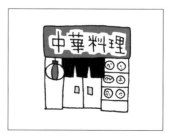
図1 中華料理店のイラスト

例2 ハリネズミカフェ

We don't have a hedgehog cafe.
I want a hedgehog cafe in our town.
I want to touch hedgehogs. They
are cute.
Do you like hedgehogs?

図2 ハリネズミカフェのイラスト

③コミュニケーション・自己表現活動：
　ポスターセッション（25分）

　数人からなる6グループを構成する（児童が少ないクラスは4グループでも可）。図3のように教室の3か所に分かれ，2グループが向き合う。一方のグループが，お気に入りの施設と欲しい施設の絵や写真をはった発表用地図を示しながら発表する。他方のグループは内容について尋ねたり感想を伝え

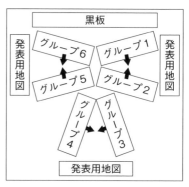
図3　グループの配置図

たりする（5分）。両グループの役割を交替し活動を行う（5分）。両グループの発表後，ポスターセッションの中でよかった点を児童に発表させる。指導者からもコメントし，後半の発表とやり取りでどのようなことに気を付けたいか考えさせる（5分）。この後，偶数番号のグループが時計回りに移動し，新たな組み合わせでポスターセッションを行う（10分）。

④住みたい町を選ぶ（9分）

　ホワイトボード上の地図に児童が書いた説明文をはり，教室のまわりに掲示する。ポスターセッションで聞くことができなかったグループの発表内容を，グループで分担して読み取り，グループに戻ってそれらを共有する。最後に，住みたい町を選び，住みたい場所に自分の家をはる。何人かになぜそこを選んだか発表させる。

応用・発展活動

「私たちの町コンペティション」

　読むこと・書くことを取り入れた発表活動である。このようなものが町にあればよいと思う提案をミニポスターにして掲示し，全員のものを読んで投票する。

⑤振り返りと終わりの挨拶（3分）

　振り返りシートに発表で工夫したこと，発表や説明の読み取りから友達について知ったことなどを記入する。自分たちの町のよいところを大切にするとともに，将来の町の姿を自分たちがこれからつくっていくことを伝える。

8　指導上の留意点

①中間評価では，友達のよかった点を発表させたり，発表者と聞き手のやり取りのよい例を示したりして，後半の発表で自分が気を付けたいことを考えさせる。

②指導者の発表モデルの中に，自分が欲しいものに加えて，家族のために欲しい施設や，地域の伝統を伝える施設，菜の花畑を中心とした資源循環サイクルや城崎国際アートセンターのような多様性に触れる施設などESD（Education for Sustainable Development）に配慮したものを示したい。社会科や総合的な学習の時間などに児童が学習したことが反映されるとよい。

10節 「夏休みの思い出」 (I went to the sea.) (第6学年)

　本単元は，児童が聞きたい，話したいと思う題材の１つである。旅行やキャンプに行ったりするだけが夏休みの出来事ではなく，家で読書をしたり，プールで泳いだりするなど，児童がそれぞれの夏休みの過ごし方を大切に受け入れることを心がけたい。単元目標は，夏休みの思い出を伝え合うことである。この単元で初めて過去の出来事を表す表現について学ぶことになるが，児童にとって負担にならないよう表現を選択したい。また外国の小学生の夏休みの過ごし方を知ることで，国際理解にもつなげたい。

1　単元目標
　夏休みの思い出について，自分のことをよく知ってもらったり友達のことをよく知ったりするために，夏休みに行った場所，楽しんだこと，感想など，具体的な情報を聞き取ったり，話す内容を整理したうえで伝え合ったりすることができる。また，例文を参考に，音声で十分に慣れ親しんだ語句や表現を用いて，自分や友達の夏休みの思い出について書いたり，読んだりすることができる。

2　主な表現及び語彙
・表　現：Where did you go? I went to [the mountains / Tokyo, etc.]. What did you do? I [watched the stars / ate *yakisoba* / caught a big fish / played soccer, etc.]. I enjoyed [camping / fishing, etc.]. It was [exciting / fun, etc.].
・語彙：動作の過去形（cooked, enjoyed, played, ate, caught, went, saw, etc.），場所（summer festival, swimming pool, Kyoto, etc.），活動（camping, fishing, shopping, etc.），自然（mountain, river, sea, etc.），食べ物（BBQ, shaved ice, watermelon, etc.），昆虫（insect, beetle, cicada, etc.），気持ち（great, nice, delicious, etc.）。
[既出]　スポーツ，食べ物，公共の施設・建物

3　単元計画（8時間）　　＊ST（第1回～第4回）については169頁の5参照

時	目標	主な活動　　○評価規準（方法）
1・2	・過去のことを表す文と現在のことを表す文の動詞の形や意味の違いを理解し，慣れ親しむ。	・過去のことを表す文と現在のことを表す文の基本的な動詞の形や意味の違いに気付く。また，普段の日曜日と先週の日曜日の過ごし方の表現の違いに気付く。 ・on Sundays, last Sunday といった副詞句に注意しながら，絵を見ながら英文を聞き，クイズをする。その後，イラストを見ながら過去の出来事を表す英文を指導者の後について言ったり，自分で考えて言ったりする。 ○過去のことを表現する文と現在のことを表現する文の違いを理解し，過去のことを表現する基本的な英文を言える。（行動観察）
3	・夏休みの出来事の言い方（行先，場所）に慣れ親しむ。	・夏休みの出来事の言い方（行先，場所）についての会話を聞いたり，言ったりする。チャンツ，ビンゴゲームをする。その後，リスニングを行い，夏休みの出来事の言い方に慣れ親しんだ後，自分の夏休みの出来事（行先，場所）について，1，2文で発表する。 ○夏休みの出来事が言える。（行動観察，ワークシート）
4	・夏休みの出来事の言い方（楽しんだこと，したこと）に慣れ親しむ。	・夏休みの出来事（楽しんだこと，したこと）についての会話を聞いたり，言ったりする。ST（第1回）。ミッシングゲームを行う。その後，リスニングを行い，夏休みの出来事の言い方に慣れ親しんだ後，自分の夏休みの出来事（楽しんだこと，したこと）について，1，2文で発表する。 ○夏休みの出来事が言える。（第3時に同じ）

5	・夏休みの出来事について，伝え合う。	・夏休みの出来事について尋ねたり，答えたりする。ST（第2回）。インタビュー活動をして相手の情報を収集，整理する。その後，クラスの前で何組かのペアでやり取りをしたり，何人かの児童が発表したりする。 ○夏休みの出来事について伝え合える。（行動観察，ワークシート，振り返りシート）
6	・夏休みの出来事の感想を伝える言い方に慣れ親しむ。	・夏休みの出来事の感想についての会話を聞いたり，感想を言ったりする。チャンツをする。その後，リスニングを行い，夏休みの出来事の感想を伝える言い方に慣れ親しんだ後，自分の夏休みの出来事の感想について発表する。 ○夏休みの出来事の感想が言える。（第3時に同じ）
7	・夏休みの出来事の感想を伝え合う。	・夏休みの出来事の感想について伝え合う。ST（第3回）。夏休みの出来事と感想についてインタビュー活動をして相手の情報を収集，整理する。その後，クラスの前で何組かのペアでやり取りをしたり，何人かの児童が発表したりする。 ○夏休みの出来事の感想を伝え合える。（第5時に同じ）
8 （本時）	・外国の小学生の夏休みの過ごし方について理解する。 ・夏休みの思い出と感想を書き，発表する。	・外国の小学生の夏休みの過ごし方について聞き，自分たちとの共通点や相違点に気付く。 ・夏休みの出来事や感想について書いて，発表し合う。ST（第4回）。 ○外国の小学生と自分の夏休みの過ごし方との共通点や相違点について知る。（第3時に同じ） ○夏休みの出来事や感想について書いたり，発表したりできる。（第5時に同じ）

4 準備物

絵カード，カルタの絵札，世界地図，ワークシート，発表に使う写真やイラスト（第8時），和英辞書（クラスに数冊用意。表現活動で必要な場合，適宜使用。）

5 Small Talk の指導計画

本単元では，以下に示す4回の Small Talk を行う。第1回（第4時）及び第2回（第5時）は「夏休みの出来事」，第3回（第7時）及び第4回（第8時）は「夏休みの出来事とその感想」である。第7時以降は，疑問詞 what や where 等を使用しながら，やり取りを深めていきたい。なお，第1回及び第3回では主として「指導者─児童」，第2回及び第4回は主として「児童─児童」のやり取りとしたい。

・第1回（第4時），第2回（第5時）「夏休みの出来事」

T：I went to the mountains. I enjoyed hiking. How about you?

S：I went to Wakayama. I enjoyed fishing. I caught a big fish.

T：Wow! Great!

・第3回（第7時），第4回（第8時）「夏休みの出来事とその感想」

S1：I went to a swimming pool. I enjoyed swimming. It was fun. How about you?

S2：I went camping.

S1：Oh, camping! Where did you go?

S2：I went to ABC village.

S1：What did you do?

S2：I caught beetles. I enjoyed a BBQ, too. It was great!

6 読むこと・書くことの指導計画

読むこと・書くことの指導計画は以下の通りである。

第3時：I went to the sea.（行先）

第4時：I went to the sea. I enjoyed swimming.（行先，楽しんだこと）

第5時：I went to <u>the sea</u>. I ate *yakisoba*.　（行先，したこと）

第6・7時：I ate *yakisoba*. It was <u>delicious</u>.　（したこと，感想）

第8時：I went to <u>the sea</u>. I enjoyed <u>swimming</u>. I ate *yakisoba*, too.
　　　　It was <u>delicious</u>.（行先，楽しんだこと，したこと，感想）

7　本時の展開（8／8時）

　児童は，第7時までに夏休みの出来事についての表現や語句，また感想を伝える言い方に慣れ親しんでいる。本時は，それらを活用して夏休みの思い出と感想を Small Talk 等を通じて口頭練習後，4文程度の英文（172頁図2参照）を書き，最終的にはグループ内で発表し合う活動を行う。

　また，国際理解を扱うリスニング活動を通して，外国の小学生と自分たちの夏休みの過ごし方との共通点や相違点についても気付かせたい。本時の流れは以下の通りである。

①挨拶，ウォームアップ（7分）

　ここでは，挨拶や天候についてのやり取りの後，以下に示す「夏休みの思い出」カルタ取りゲームを行う。

　4人グループで行うゲームである。児童は10枚程度の夏休みの思い出を表す絵札の中から，指導者が読む英文の内容を表す絵札を素早く取る。その際，児童は取った絵札の内容を表す英文を繰り返すことに加え，その出来事の感想を考えて言う。絵札を最も多く取った児童が勝ちとなる。

　T：I ate watermelon.

　S1：（絵札を取る）I ate watermelon. It was delicious.

《代案》「坊主めくり」ゲーム

　ペアで行う。上で使った絵札を裏返しにして置かせ，1人が "What did you do?" と言った後に，もう1人が絵札を1枚取り表に向け，描かれている絵について英語で表現し，感想を考えて言う。

　S1：What did you do?

　S2：I collected beetles. It was fun.

　この後，尋ねる側と答える側の役割を交替し，活動を続ける。

②慣れ親しませる活動：リスニングからスピーキングへ（10分）

　本単元で学習してきた表現や語句の理解度を確認し，定着を促すため

に，外国の小学生の夏休みの過ごし方を，その人物のイラストや写真，世界地図を見せながら聞かせ，聞き取れた情報を下記のワークシート（図1）に記入させる。

次に，記入した情報を見ながら，それぞれの人物になったつもりで，夏休みの過ごし方について発表させる。その後，自分たちの夏休みの過ごし方と比べて，同じ点や違う点など気付いたことを共有させる。

（例） Hi, I'm Chris. I'm from the USA. I joined the summer camp.
I enjoyed canoeing and swimming. It was great.

1. Hello! My name is Miguel. I'm from the Philippines. I often helped my mother. I worked at my mother's grocery store. I played soccer in the park, too. It was fun.

2. Hi! I'm Alicia. I'm from Italy. I went to the sea. I enjoyed swimming. I enjoyed shopping, too. My summer vacation was great.

3. Hi! My name is Jae Joong. I'm from Korea. I went to summer school. I studied English. I enjoyed singing and dancing, too. It was great.

	名　前	出身国	わかったこと
例	Chris	アメリカ	・サマーキャンプ ・カヌー，水泳
1	Miguel		
2	Alicia		
3	Jae Joong		

図1　リスニング用ワークシート　「世界の小学生の夏休み」

③コミュニケーション・自己表現への橋渡し活動：Small Talk（8分）

本時のSmall Talkは，本単元の最終回となる4回目であり，次の自己表現活動への橋渡しとなる活動である。ここでは，児童同士のやり取りを相手を替え2回行い，最後に数組のペアに発表させる（5参照）。

④コミュニケーション・自己表現活動：Activity（17分）

【前半】（10分）

指導者が小学生時代の自身の夏休みの思い出について，図2のワークシート（A4判用紙）にもとづきモデル発表をする。児童は第3時から第7時に書いた英文を参考にし，必要に応じて書き換えるなどしながらワークシートに書く。仕上げに，右横の空欄にはあらかじめ用意しておいた思い出の写真やイラストをはらせる。

My Summer Vacation

Name________________________

I went to ________________________.
（行先）

I enjoyed ________________________.
（楽しんだこと）

I ________________________.
（したこと）

It was ________________________.
（感想）

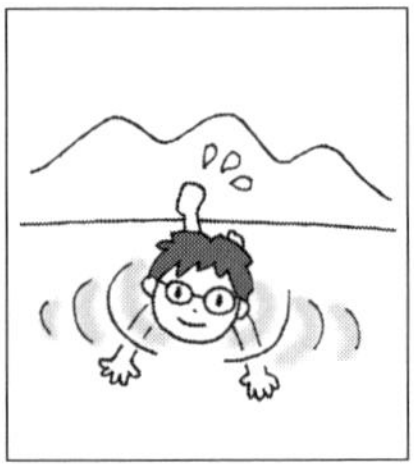

図2　ワークシート「夏休みの思い出」

【後半】（7分）

児童はワークシートを見ながら各自で練習する。その際，指導者は机間指導したり，児童同士で教え合ったりする機会としたい。その後，グループ内（1グループ4人程度）で発表させる。

発表後にはグループの他のメンバーは，発表者に簡単な質問をしたり，“Great!”，“Nice!”，“Wonderful!” などひと言感想を述べたりすることを促したい。また，時間に余裕があれば，最後にグループの代表を選びクラス全体の前で発表させる。

応用・発展活動

《案１》「友達の『夏休みの思い出』の英文を読もう」

　夏休みの思い出についてクラスの友達がワークシートに書いた英文を読み合う。その際，肯定的な感想をひと言添えさせながら，友達の夏休みの過ごし方を大切に受け入れ，他者理解へとつなげる。

《案２》「外国の小学生と夏休みの思い出を伝え合おう」

　外国の小学校や姉妹校の子どもたちと TV 会議システムを通して夏休みの過ごし方についてコミュニケーションを楽しませる。この場合，両校のクラスの代表者を数名選び発表させることに加え，別の代表者に「６年〇組夏休みの過ごし方ベスト５」を写真やイラストを活用して発表させたりするとよい。相手とのやり取りを促すため，あらかじめ相手の発表内容を予想し，いくつかの質問を考えさせておきたい。

⑤振り返りと終わりの挨拶（３分）

　指導者はそれぞれの児童が発表した夏休みの過ごし方に共感し，いかなる過ごし方にも価値があることに気付かせたい。また，外国の小学生の夏休みの過ごし方については，多少の相違点があることは認めつつ，サマーキャンプやサマースクールに参加したり，スポーツを楽しんだり，家の手伝いをしたりと，日本の小学生の過ごし方と共通点が多いことにも気付かせたい。

8　指導上の留意点

　本題材を取りあげる際には，旅行やキャンプ等に行く機会がなかった児童がいる可能性を踏まえ，Small Talk の内容には十分配慮する必要がある。また，国際理解では，同じ国でも児童の夏休みの過ごし方は多様であることから，取り上げられた情報がステレオタイプ化しないように配慮が必要である。また，日本と外国の比較において，「違い」ばかりに注視すると，偏った見方，考え方を植えつける可能性があるため，共通点にも着眼させることで言葉や文化が異なっていても，相互につながっていることに気付かせることが大切である。

11節「夢の海外修学旅行」(I want to go to Italy.)（第6学年）

　海外旅行が身近な現代の子どもたちにとって，外国の名所旧跡は現実に訪問の可能性がある場所である。本単元では，自分たちで修学旅行の計画を立て，グループで「夢の海外修学旅行」を紹介するポスターを作成後，それを利用して発表する。みんなで「優秀賞」を決め，作成したポスターをまとめた「夢の海外修学旅行計画集」を発行することを単元目標とする。発表にあたっては「行きたい場所」を伝えるだけでなく，相手にお薦めする理由やその場所の魅力を伝えられる発表をめざしたい。

1　単元目標

　聞き手に自分の興味のある国や地域について知ってもらうために，その国や地域でしてみたいことなどについて尋ねたり，聞き手に伝えたいことを整理して伝えたりすることができる。また，例文を参考に音声で十分に慣れ親しんだ語句や表現を使って，行ってみたい国やそこでしてみたいことについて書いたり，読んだりすることができる。

2　主な表現及び語彙

・表　現：Where do you want to go? I want to go to〔Brazil / Italy, etc.〕. Why? I can〔see the carnival / drink coffee / go to the beach, etc.〕(in Brazil). It's〔great / exciting / wonderful / nice, etc.〕.

・語彙：国（Australia, Brazil, China, Egypt, France, Italy, India, Japan, Kenya, Russia, Spain, the USA, the UK, etc.），状態・気持ち（beautiful, exciting, delicious, great, fun, etc.），動作（visit, see, watch, buy, drink, try, go, swim, make, etc.），自然（beach, forest, mountain, etc.）

〔既出〕動作（play, eat），国，飲食物，状態・気持ち

3　単元計画（7時間）　　＊ST（第1回〜第4回）については176頁の5参照

時	目標	主な活動　　○評価規準（方法）
1	・国名の言い方（発音）を知り，日本語と英語での発音の違いに気付き，慣れ親しむ。	・Countries Jingle をする。 ・聞こえた国名の絵カード（国旗など）を取る活動を行う。 ・国名を発音し，書き写す。

		○国名を聞いて理解し，指導者について言える。（行動観察，振り返りシート）
2	・行きたい国やその国でしたいことを聞いたり，言ったりする表現に慣れ親しむ。	・行きたい国とその国でしたいことを聞いて，理解する。ST（第1回）。 ・行きたい国とその国でしたいことを聞き，国旗カードと観光カード（名所・旧跡，スポーツ，食べ物，動物など）を線で結ぶ。 ・線結びをした国旗カードと観光カードを見て，行きたい国とその国でしたいことを言う。 ○行きたい国とその国でしたいことを聞いたり，言ったりできる。（行動観察，ワークシート，振り返りシート）
3	・行きたい国やその理由を尋ねたり，答えたりする表現に慣れ親しむ。	・行きたい国やその理由を尋ねる会話を聞いて理解する。ST（第2回）。 ・行きたい国やその理由を尋ねる会話を聞き，ワークシートに国名と理由を記入し，答えを確認する。 ・クラスを，尋ねる役と答える役に分け，ワークシートの内容についてQ&Aを行う。ひととおり終了すれば役割を交代して行う。その後，ペアでQ&Aを行う。 ○行きたい国やその理由を尋ねたり，答えたりできる。（第2時に同じ）
4	・世界の国で，体験できることや，状態や気持ち，味を伝え合う。	・グループ活動。国旗カードと観光カードを裏返して机に置き，組み合わせが合うものを探す「カード合わせゲーム」をする。例えば，国名（India）と観光カード（カレーライス）を引き，I want to eat curry and rice in India. と言えた人がカードを取る。さらに，It's delicious. と状態や気持ち，味（この場合は味）を付け加えた児童にはグループ全員で拍手を贈る。組み合わせが違う場合は，カードを戻す。 ○国名とそこでできる活動を聞いて理解し，伝え合うことができる。（第3時に同じ）
5 （本時）	・行きたい国とその理由を尋ねたり，答えたりする。	・指導者の行きたい国とその理由を聞いて理解できる。ST（第3回）。 ・友達に修学旅行で行きたい国や理由をインタビューし，わかった情報をワークシートに記入する。

		・自分の行きたい国とその理由と状態や気持ち，味などを書き写す。 ○行きたい国やその理由を尋ねたり，答えたりできる。（第3時に同じ）
6	・「夢の海外修学旅行プラン」の発表に向けた原稿及びポスターを作成する。	・指導者の行きたい国とその理由，状態や気持ちを伝える話を聞き，指導者と簡単なやり取りをする。ST（第4回）。 ・同じ国に行きたい児童同士でグループを作り，STを参考に発表原稿を作成する。 ・グループ内で協力して発表のための英文及びポスターを作成し，発表練習をする。 ○写真やイラストを使って行きたい国とその理由を伝えるポスターを作り，発表できる。（行動観察，発表原稿，振り返りシート）
7	・グループごとに「夢の海外修学旅行プラン」を発表し，最後に投票で「優秀賞」を決める。	・グループごとに練習後，発表する。他のグループの発表を聞いて，よかったところや自分の発表の振り返りをワークシートに記入し，投票の準備及び投票をする。 ○友達と協力し，ポスターを利用して自分の担当箇所の発表ができる。また他グループの発表内容を理解できる。（第6時に同じ）

4 準備物

　絵カード①（国旗），絵カード②（訪問国観光カード：名所・旧跡，食べ物，スポーツ，動物など），発表国に関する旅行カタログの切り抜き写真やイラスト，和英辞書（クラスに数冊用意。原稿作りで必要な場合に適宜使用。），世界地図，ワークシート（180頁参照）

5 Small Talk の指導計画

　本単元では，以下に示す4回のSmall Talkを行う。第1回（第2時），第2回（第3時）の話題は「行きたい国とその国でしたいこと」，第3回（第5時）は「行きたい国とその理由」，第4回（第6時）は「お薦めの訪問国」である。第1回は，「指導者—児童」のやり取り，第2回は「指導者—児童」から「児童—児童」への橋渡し，第3回，第4回は指導者のまとまりのある話の後に，「児童—児童」のやり取りの時間を設ける。写真やイラスト，土産物などを活用し話を弾ませたい。

・第１回（第２時）「行きたい国とその国でしたいこと①」

T：（エッフェル塔の写真を見せ）Do you know this? Where is it, S1?

S1：(It's in) France.

T：That's right. I want to go to France. I like French food. I want to visit Paris. Do you want to go to France, too, S2?

S2：Yes, I do.

T：Nice.

・第２回（第３時）「行きたい国とその国でしたいこと②」

T：Do you want to go to Italy, S1?

S1：Yes, I do.

T：Why?

S1：I want to eat spaghetti.

T：I want to eat spaghetti, too. Where do you want to go, S2?

S2：I want to go to China. I want to see pandas.

T：Nice! Pandas are cute!

・第３回（第５時）「行きたい国とその理由」

T：Let's talk about traveling. I want to go to Egypt.（ピラミッドの写真を見せ）I want to see the Pyramids! They're great! Where do you want to go, S1?

S1：I want to go to the USA.

T：Why?

S1：I can watch a baseball game in New York.

T：Wow! That's cool. How about you, S2? Where do you want to go?

S2：I want to go to Kenya.

T：Why?

S2：I want to see elephants and lions in Kenya.

T：That's fantastic.

・第４回（第６時）「お薦めの訪問国」

T：（世界地図を掲示して）Where do you want to go, S1?

S1：I want to go to the UK. I want to see London Bridge.

T：That's nice. What else can you do in the UK, S2?

S2：I can see Big Ben. I can ride a London bus.

T：That's exciting. I want to go to London, too. How about you, S3?

S3：I want to go to Russia. I want to watch ballet.

T：That's great!

6　読むこと・書くことの指導計画

　国名，地名や名所などの語頭は大文字である。第1時は国名の語頭は大文字であることに気付かせ，自分の行きたい国を3つ選び書き写させる。第2時以降は下線部を語彙リストなどから選択して記入させ，例文を書き写させる。例文を書く活動の前後には，指導者について音読させる。

　　第1時：Australia, Brazil, China, etc.（国名のみ）

　　第2時：Where do you want to go?

　　　　　　I want to go to Italy.

　　第3時：I want to go to Australia.

　　　　　　Why?

　　　　　　I want to see koalas.

　　第4時：I can eat pizza. It's delicious.

　　第5時：I want to go to Canada. I can visit Niagara Falls. It's great.

　　第6時：グループで「夢の海外修学旅行」の原稿作成（主語は we）

7　本時の展開（5／7時）

　本時は第1時～第4時まで積み重ねてきた学習成果を踏まえ，夢の海外修学旅行プラン作りのもととなるインタビュー活動を行う。児童は第4時までに国名とその国でできる活動を伝える語彙や表現，また訪問したい理由を伝える言い方を学んでいる。本時のコミュニケーション活動はペアによるインタビュー活動なので，ST（第3回）でやり取りをしっかり行っておきたい。

①挨拶，ウォームアップ（4分）

　挨拶や天候のやり取りの後，以下に示すチャンツでインタビューで使う尋ね方と答え方について確認する。児童は円になり手拍子のリズムに合わせ，隣の人に行きたい国を尋ねる。答えた人はさらに隣の人に尋ねることを繰り返す（●と手拍子のリズムが重なる）。次第にスピードを上げる。

　　　　　　●　　　　　　　●　　　　●
　　T：**Where** do you **want** to **go**?

S1：I want to go to India. Where do you want to go?

S2：I want to go to Spain. Where do you want to go?（最後の児童ま
　　で続ける。）

②復習：マッチングゲーム（10分）

　本時は行きたい国とその理由を尋ねるインタビュー活動を行うので，国
名とそこで出来る活動を言えるように復習する。ペアになり国旗カードと
観光カードを机上に裏向きで置く。順番を決め，S1が国旗と観光カードを
表に向ける，S2は "Where do you want to go?" と質問し，S1は両カード
に合う英文を言う。国旗カードと観光カードに記入された国名と内容が一
致している場合（S1：I want to go to the USA. I can see the Statue of Liberty.），
カードと2ポイントがもらえる。マッチしていないが実現可能な場合
（S1：I want to go to the USA. I want to see pandas.）は，カードはもらえな
いが1ポイントもらえる。マッチせず実現不可能な場合（S1：I want to go
to the USA. I want to see the Pyramids.）は，S2は "Not matched!" と言い，
S1はカードを戻す。ポイント数が多い児童が勝ちとなる。

(matched)

the USA

(not matched)

the USA

図1　絵カード例

③コミュニケーション・自己表現への橋渡し活動：Small Talk（7分）

　本時のSmall Talk（177頁参照）は，インタビューで使う尋ね方や答え
方などを含むので，できるだけ多くの児童とやり取りを行うようにした
い。

④コミュニケーション・自己表現活動：インタビュー（16分）

　まず指導者が一人二役（TTの場合は2人）でインタビューの進め方の
モデルを示し，児童は指導者について口頭練習をする。前半は隣の席の児

童と，インタビューする人と受ける人に役割を分担しインタビューを行い，終了すれば役割を交代する。互いのインタビューが終了すれば，わかったことをインタビューシートに記入する。次に，指導者は中間反省として後半のインタビュー活動で留意すべき事柄を助言する。後半は前・後の席の児童で，前半と同様にインタビュー活動を行う。最後に，活動のまとめとして，インタビューでわかったこと—行きたい国とその理由などを児童に尋ね，次時のポスター作りのグループ分けの資料とする。

友達にインタビューしよう

Class：＿＿＿＿＿Name：＿＿＿＿＿＿

A：Where do you want to go?
B：I want to go to the USA.
A：Why?
B：I want to eat a hot dog. / I can eat a hot dog. It's delicious.

友達の名前	行きたい国	理由	状態，気持ち，味など
（例）Yuri	the USA	ホットドッグを食べたい	おいしい

図2　ワークシート「友達にインタビューしよう」

⑤読むこと，書くことの活動（5分）

「6　読むこと，書くことの指導計画」の第5時に示した自分が行きたい国とその理由などを書く。

⑥振り返りと終わりの挨拶（3分）

本時の中核となる③と④の活動を中心に振り返り，児童のよかった点を授業のまとめとして伝え，終わりの挨拶をする。

8　指導上の留意点

本単元では，世界の地名や名所などが多数出てくる。そのため単語のつづりを見ても発音しづらいので，児童に負担がかかりすぎないよう発音や読みの練習はじっくりと行いたい。また英文を書く際には，大文字で書き始める単語（国名，地名，名所）を含むため，書き写す作業に時間がかかると思われる。時間にゆとりを持って書く活動を行いたい。

12節 「夢シートを作成しよう」(My Dream Sheet)〈第6学年〉

　小学校卒業を間近に控えて，自分自身の将来について思いを巡らせる時期にある児童にとって，友達の将来の夢や職業は好奇心を刺激される題材の1つである。その一方で，必ずしも児童全員が将来の夢，職業について明確なビジョンがあるとは限らないことから，まず自分の好きなことや得意なことを伝え合うことから始めたい。本単元では，夢シートを作成することで，夢の実現のために，今，何をすべきか具体的に考え，自分の夢について考えるとともに，夢を実現していくステップを意識させたい。

1　単元目標
　自分の将来についてどのように考えているかを知ってもらったり，友達がどのように考えているかを知ったりするために，友達の将来の夢，職業とその理由や夢実現のために現在取り組んでいることについて，具体的な情報を聞き取ったり，伝え合ったりすることができる。また，将来の夢や職業について例文を参考に書いたり，書かれた英文を読んだりすることができる。

2　主な表現及び語彙

・表現：What do you want to be in the future?　I want to be (a pastry chef / scientist / vet, etc.). Why do you want to be (a pastry chef)? Because I like (baking cakes). / Because I enjoy (baking cakes). / Because I'm good at (cooking).

・語彙：職業 (architect, artist, astronaut, beautician, doctor, fashion designer, flight attendant, game creator, nurse, nursery teacher, office worker, pianist, pilot, singer, soccer player, etc.)

[既出] 動作，スポーツ，教科

3 単元計画（8時間）　　※ ST（第1回〜第4回）については 184 頁の 5 参照

時	目標	主な活動　　○評価規準（方法）
1	・自分の好きなことや得意なことについての言い方に慣れ親しむ。	・好きなことや得意なことについての会話を聞いたり，言ったりする。その後，リスニングを行い，好きなことや得意なことを伝える言い方に慣れ親しんだ後，自分の好きなことや得意なことについて，1，2文（I like 〜. I'm good at 〜.）で発表する。 ○自分の好きなことや得意なことについて言える。（行動観察）
2	・自分の好きなことや得意なことについて伝え合う。	・ST（第1回）。好きなことや得意なことについて尋ねたり，答えたりする。次に，インタビュー活動をして相手の情報を確認（You like 〜. You're good at 〜.）する。その後，クラスの前で数名の児童が自分と好きなことや得意なことが同じ友達の名前を発表する。 ○自分の好きなことや得意なことについて伝え合える。（行動観察，ワークシート，振り返りシート）
3	・将来の夢，職業についての話を聞いて理解することができる。 ・将来の夢，職業の言い方に慣れ親しむ。	・将来の夢，職業についての会話を聞いたり，言ったりする。次に，チャンツをする。その後，リスニング（例 I love nature. I like growing tomatoes. I want to be a farmer.）を行い，将来の夢，職業の言い方に慣れ親しんだ後，自分の好きなことや得意なこと，将来の夢，職業について，2，3文（I like playing the piano. I am good at singing. I want to be a music teacher.）で発表する。自分で決められない人，まだ決まっていない人，迷っている人は，第1時・第2時の友達の話も参考にして考えるように指示する。 ○将来の夢，職業が言える。（第2時に同じ）
4	・将来つきたい職業について伝え合う。	・ST（第2回）。将来つきたい職業についてやり取りする。その後，クラスの前で数名の児童が，つきたい職業が自分と同じ友達の名前を発表する。

		○将来つきたい職業について伝え合える。（第2時に同じ）
5	・将来つきたい職業やその理由について理解することができる。 ・将来つきたい職業やその理由を伝える言い方に慣れ親しむ。	・将来つきたい職業とその理由についてやり取りをする。（例　S1：Why do you want to be a doctor?　S2：Because I want to help people.）指導上の留意事項は第3時に同じ。 ○将来つきたい職業とその理由について言える。（第2時に同じ）
6	・将来つきたい職業とその理由を伝え合う。	・ST（第3回）。将来つきたい職業とその理由について伝え合う。インタビュー活動を行い，同じ夢を持つ友達を見つけて，将来の夢ランキング作りをする。その後，クラスの前で数名の児童が自分の夢と同じ夢を持つ友達の名前を発表する。 ○将来つきたい職業とその理由を伝え合える。（第2時に同じ）
7 （本時）	・小学生の将来の夢についての話を聞いて，理解することができる。 ・夢シートを作成する。	・ST（第4回）。将来つきたい職業とその理由について伝え合う。架空の小学生の夢の聞き取りをする。また，外国の珍しい職業について聞き，自分たちとの共通点や相違点に気付く。その後，前時までに書き写した文も参考にしながら，夢を実現するために現在取り組んでいることを書く。 ○夢を実現するために現在取り組んでいることを書くことができる。（第2時に同じ）
8	・自分の夢について発表する。	・将来の夢とその理由，夢を実現するために現在取り組んでいることについて発表したり，友達の発表を聞いたりする。 ○将来の夢とその理由，夢を実現するために現在取り組んでいることについて発表できる。（ルーブリックに基づくパフォーマンス評価）

4 準備物

絵カード（職業，動作，スポーツ，教科），ワークシート（夢シート），発表に使う写真やイラスト，和英辞書（クラスに数冊用意。表現活動で必要な場合，適宜使用。）

5 Small Talk の指導計画

本単元では，以下に示す4回の Small Talk を行う。第1回（第2時）及び第2回（第4時）の話題は「好きなことや得意なこと」，第3回（第6時）及び第4回（第7時）は「将来つきたい職業とその理由」である。第8時の発表に向けて，疑問詞 why を使用し，やり取りを深めていきたい。第1回及び第3回は主として「指導者―児童」，第2回及び第4回は主として「児童―児童」のやり取りとしたい。

・第1回（第2時），第2回（第4時）「好きなことや得意なこと」

S1：Are you good at playing baseball?
S2：Yes, I am. I am good at playing baseball.
S1：Oh, you are good at playing baseball. I am good at playing the piano.
S2：Wow! You are good at playing the piano. Sounds good!

・第3回（第6時），第4回（第7時）「将来つきたい職業とその理由」

S1：What do you want to be in the future?
S2：I want to be a vet.
S1：You want to be a vet. Why?
S2：Because I like animals.
S1：That's good.

6 読むこと・書くことの指導計画

読むこと・書くことの指導計画は以下の通りである。なお，書く活動にあたっては，夢を実現するために好きなこと，得意なこと，現在取り組んでいることなどを整理して書かせたい。また，毎時，1文ずつ書いて音読

練習をすることで，第8時で自信を持って発表することにつなげたい。

第2時：I like animals.（好きなこと）

第4時：I am good at talking with animals.（得意なこと）

第6時：I want to be a vet.（将来の夢）

第7時：So I study science hard. / I read many books every day.（夢を実現するために現在取り組んでいること）

7 本時の展開（7/8時）

児童は，本時までに将来つきたい職業とその理由を述べる語彙や表現に慣れ親しんでいる。本時は，Small Talk 等による口頭練習後，夢を実現するために現在取り組んでいることを考え，夢シート（My Dream Sheet，187頁図2参照）を完成させる。本時の流れは以下の通りである。

①挨拶，ウォームアップ（7分）

ここでは，挨拶や天候についてのやり取りの後，以下に示す「職業ビンゴゲーム」を行う。

4人グループを作る。児童は3×3のマス目に15枚程度の職業を表す絵カードの中から9枚の絵カードを選んで置き，指導者の言う英語のヒントを聞いて，該当する職業の絵カードの上におはじきなどを置いていく。

T：I want to help people. I wear a white coat. I work at a hospital. ⟹ doctor / nurse

おはじきなどが縦，横または斜めに早く並んだ者が勝ちとなる。

② Small Talk（5分）

本時の Small Talk は本単元の最終回となる。相手を替えて，児童同士のやり取りを2回行う。2回目は，1回目のやり取り後の中間評価の内容を十分踏まえて取り組ませることが大切である。

③リスニングからスピーキングへ（10分）

（1） リスニング（7分）

指導者が，小学生の将来の夢を紹介し，聞き取った情報をワークシート

に記入させる。

（例）　Hi. I'm Keisuke. I like playing soccer. I'm good at kicking balls. I
　　　 want to be a soccer player. So I play soccer every day. I practice
　　　 hard. I often watch soccer games on TV, too.
1.　Hi. I'm Ayano. I like singing songs very much. I'm good at dancing.
　　 I want to be a singer. So I listen to music every day. I take dance
　　 lessons on Saturdays, too.
2.　Hi. I'm Ichiro. I like playing baseball. I'm good at running. I want
　　 to be a baseball player in the USA. So I practice baseball every day.
　　 I study English hard, too.
3.　Hello. I'm Naomi. I like watching movies. I'm good at painting
　　 pictures. I want to be a movie director. So I read books every day. I
　　 watch movies on Sundays, too.

	名前	好きなこと	得意なこと	つきたい職業	夢を実現するために現在取り組んでいること
例	けいすけ	サッカー	ボールをけること	サッカー選手	・いっしょうけんめい練習する ・サッカーの試合を TV で見る
1					・ ・
2					・ ・
3					・

図1　リスニング用ワークシート「友達の将来の夢」

（2）　コミュニケーション・自己表現への橋渡し活動：スピーキング（3分）
　図1のワークシートの情報をクラスで共有した後，それぞれの人物に
なったつもりで，将来の夢とその夢を実現させるために現在取り組んでい
ることを発表させる。

④コミュニケーション・自己表現活動：Activity（20分）

(1) 夢シート（My Dream Sheet）の原稿作成への動機づけ（10分）

指導者が，外国の小学生になったつもりで，将来つきたい職業とその理由，夢を実現するために現在取り組んでいることをイラストや写真を見せながら発表する。

T：Hi, I'm Bianca. I'm from South Africa. I like animals. I'm good at talking with animals. I want to be an ostrich babysitter. So I study about animals. I visit the zoo on Sundays, too.

(2) 夢シートの記入内容，方法の説明（2分）

図2　ワークシート「夢シート（My Dream Sheet）」

(3) 原稿作成（8分）

児童は，本時までに書いた英文を参考にしながら，夢シート（My Dream Sheet）を完成させる。その際，書いている英文を発音しながら書くように指示する。

「友達の夢シート（My Dream Sheet）の英文を読む」

　第7時終了後，全員の作品をコピーして，これらをまとめた作品集を4，5部作成し，休み時間を利用して友達の作品を読めるように教室の本棚に入れておく。友達が書いた将来の夢や現在取り組んでいることを知ることができ，他者理解へとつなぐことができる。

⑤振り返り，次時の予告，終わりの挨拶（3分）

　指導者は，それぞれの児童が選んだ将来つきたい職業とその理由に共感するとともに，世界にはさまざまな職業があり，近い将来，現存する職業のいくつかはAIやロボットに代替されたり，新たな職業が生まれたりする可能性があることを述べる。またこれから先，いろいろな経験をすることでつきたい職業やその理由は変化していくことについても言及したい。次時には全員がグループ内で "My Dream" を発表することを予告しておく。

8　指導上の留意点

　いろいろな職業の人が助け合って，私たちの生活が成り立っていることに気付かせたい。例えば，児童が好きなケーキ屋さんも，小麦を作る農家，牛乳を搾る酪農家，またそれらを運ぶトラック運転手など，いろいろな職業の人が協力していることを考えさせる。

　また，カナダのケベックでは，渡り鳥から農作物を守るために「人間かかし」として働く人もいるなど，職業には，その国の歴史，文化，自然等が大きく関わっており，お国柄があらわれていることから，時間に余裕があれば，国際理解を促す目的で，諸外国の珍しい職業を紹介したい。

　なお，職業名は "-er"（baker, singer, teacher, etc.）と "-ist"（artist, dentist, florist, etc.）で終わることが多いことにも気付かせたい。

13節 「小学校生活の思い出」（My Best Memory）（第６学年）

　本単元では，卒業を前に，児童のいちばん心に残っている小学校の思い出について，やり取りを通して，思い出のアルバムを作り，それを使って発表をする。この単元は，宇都宮大学共同教育学部附属小学校６年生児童に南勇介教諭が行った実践をもとにしている。授業の実施時期は，卒業アルバムの作成の時期とも重なる。単元目標は，小学校の思い出を振り返るとともに，お世話になった ALT に，日本の小学校や自分たちについてより深く知ってもらうため，６年間の思い出のアルバムを英語で作り発表することとする。学習言語は，My Summer Vacation で学んだ過去形の学びを生かして冬休みの思い出について Small Talk を行った後，学校行事に関する新出単語を取り入れ，既習言語の活用にもつながるように工夫する。

1　単元目標

　自分のことを伝え，相手のことをよく知るために，小学校生活の思い出などについて，短い話を聞いてその概要がわかったり，伝え合ったり，話したりすることができる。また自分の思い出に残る学校行事について，伝えようとする内容を相手にわかりやすくするために，整理したり，例文を参考に，音声で十分に慣れ親しんだ語句や表現を用いて読んだり，書いたりすることができる。

2　主な表現及び語彙

・表現：What's your best memory? My best memory is（sports day）.
・語彙：学校行事（entrance ceremony, school trip, sports day, etc.）
［既出］we，動詞の過去形（ate, enjoyed, saw, was, went, etc），季節，教科，飲食物，施設・建物，状態・気持ち

3 単元計画（8時間）　　ST（第1回～第4回）については192頁の5参照

時	目標	主な活動　　○評価規準（方法）
1	・学校行事の言い方を知る。 ・過去のことを表現する文を思い出しながら，学校行事に関する語彙について知る。	・冬休みの思い出についてのST（第1回）の後に，小学校での思い出として何があるか考える。 ○学校行事についての話を聞き，語彙を理解できる。（行動観察，振り返りシート）
2	・小学校でいちばんの思い出を考える。 ・学校行事の言い方に慣れ親しみながら，自分の思い出の学校行事について考える。	・チャンツやゲームで前時に学んだ学校行事に関する語彙に慣れ親しむ。 ・先生の小学校時代の学校行事を聞き，自分たちの学校行事と似ているところや違うところについてやり取りした後，先生のいちばんの思い出は何か児童に推測させる。 ○語彙や話の内容を理解し，自分の思い出の学校行事について，考えようとしている。（行動観察，ワークシート）
3	・思い出に残る学校行事について，友達と尋ねたり，答えたりして伝え合う。	・チャンツで，学校行事に関する語彙や表現に慣れ親しむ。 ・ALTの話を聞き，外国の学校行事について知り，ALTのいちばんの思い出について推測したり，尋ねたりしながら理解する。その後，自分たちのいちばんの思い出について尋ねたり，答えたりしながら伝え合う。 ○思い出に残る学校行事について，尋ねたり，答えたりできる。（行動観察，ワークシート，振り返りシート）
4 （本時）	・思い出アルバムを作る(1) ・ALTにアルバムを見せながら，小学校の思い出を伝えるという目的を踏まえ，グループの友達に思い出に残	・小学校の思い出についてのST（第2回）。 ・前時で伝え合った自分のいちばんの思い出の学校行事の写真を持参し，グループごとに思い出のアルバムを作るために，各自のいちばんの思い出について，写真を見せながら，そ

		れを選んだ理由や感想などのやり取りを行う。
	る学校行事について尋ねたり，答えたりできる。	○思い出に残る学校行事について，尋ねたり，答えたりできる。（第3時に同じ）
5	・思い出アルバムを作る(2) ・ALT にアルバムを見せながら，小学校の思い出を伝えるという目的を踏まえ，前時までにやり取りしてきた語彙や表現を，読んだり，書いたりして慣れ親しむ。	・アルバム用の画用紙に写真を並べ，どのように行事を分類し，発表するか，協働で考える。その際，これまでやり取りしてきた語彙や表現を読んだり，書いたりしながら，アルバムを完成させる。 ○音声で十分やり取りした表現について，読んだり，書いたりしようとしている。（行動観察，アルバム用紙の記述分析，振り返りシート）
6	・小学校の思い出を ALT に伝えるという目的を踏まえ，アルバムを見せながら発表する練習をする。	・心に残る思い出とその理由についての ST（第3回）。 ○人に伝えるという目的を持って，グループで助け合いながら，他者に配慮して思い出を伝えようとしている。（第1時に同じ）
7	・小学校の思い出を，ALT の先生に，アルバムを見せながら発表する。	・班ごとに，作成したアルバムを使って，助け合いながら，ALT の先生やクラスの前で発表する。 ○人に伝えるという目的を持って，他者に配慮しながら，発表できる。（第1時に同じ）
8	・思い出のアルバムを完成させる。	・6年生のクラスのいちばんの思い出についての ST（第4回）。 ○人に伝えるという目的を持ち，他のグループのアルバムを読んだり参考にしたりして，自分のグループのアルバムを加筆，修正しながら書くことができる。（行動観察，アルバム用紙の記述分析）

4 準備物

学校行事の絵カード・ワークシート，小学校の思い出の写真（担当の指導者やALT，児童の写真），アルバム作成用の画用紙（班の数用意する。），和英辞書（クラスに数冊用意し，表現活動で必要な場合に適宜使用。）

5 Small Talk の指導計画

本単元では，4回のSmall Talkを行う。第1回は，夏休みの思い出の表現を思い出しながら，指導者の例示をもとに「児童─児童」で冬休みの思い出についてやり取りを行う。第2回（第4時）は小学校の思い出，第3回（第6時）はその理由も入れたSmall Talkで，指導者の自己開示を含めた「指導者─児童」のやり取りを参考にしながら，「児童─児童」のやり取りを行う。第4回では，「6年生でのクラスのいちばんの思い出」について，それまでの学びを踏まえて，理由を尋ねたり，相手の言うことを繰り返したり，さらにコメントするなどの即興での「児童─児童」のやり取りに挑戦させる。

・第1回（第1時）「冬休みの思い出」

T：I had a good winter vacation. I went to Nagano. I saw a big mountain. I enjoyed skiing with my family. I ate dinner at a hotel. It was delicious. How was your winter vacation? Please ask your partner how his or her vacation was.

S1：Hello! How was your winter vacation?

S2：I went to Fukushima. I saw my grandmother. I ate *osechi*. It was delicious. I like it very much. How about you?

S1：I went to Nikko. I enjoyed skating! It was fun!

S2：That's great!

・第2回（第4時）「小学校の思い出」

S1：What's your best memory?

S2：My best memory is our sports day. It was fun. How about you?

S1：My best memory is our summer camp. I ate curry and rice. It was delicious!

・第３回（第６時）「心に残る思い出とその理由」
　　S1：What's your best memory?
　　S2：My best memory is the music festival.
　　S1：Oh? Why?
　　S2：I like music. What's your best memory?
　　S1：My best memory is marathon.
　　S2：Really? Why?
　　S1：I am good at running.

・第４回（第８時）「６年生でのクラスのいちばんの思い出」）
　　S1：Hello! What's your best memory of this year?
　　S2：My best memory is our school trip.
　　S1：Oh, why?
　　S2：I enjoyed eating and shopping. I like Kamakura.
　　S1：Oh, you like Kamakura. Me, too!

6　読むこと・書くことの指導計画

　読むこと・書くことの指導にあたっては，児童が十分に慣れ親しんだ語彙や表現について，ALT に自分たちの小学校のいちばんの思い出を伝えるために，英語の卒業アルバムを作るという目的と必然性を持って活動に取り組ませる。第１時には，学校行事の語彙の導入の際に，児童の写っている写真を使って sports day, entrance ceremony などの語彙カードを作り，自己関連性を高めながら，興味を持って，文字に慣れ親しめるような読みの活動を行う。第２時の指導者のいちばんの思い出の学校行事紹介の際にも，実際の写真に語彙を入れて，児童の関心を高めながら学校行事に関する語彙に触れさせる。第３時には，児童が十分に慣れ親しんだ語彙や表現について，指追いによる読みなどを取り入れ，書く活動につなげる。さらに，第４時及び第５時では，アルバム作成の例示として，児童の写真を次頁のように掲示する。その際，指導者がやり取りで，児童から引き出

した語彙や表現を書いて，児童に読ませる活動や，行事名を空欄にしたり，吹き出しシートを用意したりして，それぞれに記入する語彙や表現を考えさせるなど，協働学習による読み・書きの活動を行う。

図1　制作過程のアルバム

図2　完成したアルバム

　第7時では，各グループが作成したアルバムをもとに ALT の前でクラスの全グループが発表を行う。第8時では他のグループのアルバムを読んだり参考にしたりして，自分のグループのアルバムを加筆，修正しながら完成させる。

7. 本時の展開（4／8時）

　本時は，お世話になった ALT に，小学校6年間でいちばん心に残っている思い出のアルバムを作り，それを使って発表する，という単元の4時間目である。本時は，ALT に思い出を伝えるために，持参した写真を使って，児童同士がやり取りを深めることをめざして授業を行う。

①挨拶，チャンツ，Small Talk（10分）
　まず指導者と児童で，挨拶や天候についてのやり取りを行った後，全員でチャンツをする。その後，小学校の思い出について，児童同士で 5. の Small Talk「小学校の思い出」（192頁参照）を行う。その間，指導者は机間指導を行い，やり取りをチェックしながら，何枚か児童の写真を預かる。

② ①の写真をもとに，指導者—児童でやり取りをする。（8分）
　指導者は，取り上げた写真が誰のものかについて推測を促しながらやり

取りを行い，他の友達の思い出は何かを知りたいと関心が高められるよう
にする。

 T：Oh, this is a good picture. What event is this?

 Ss：サマーキャンプ！

 T：Yes! It's the summer camp. Whose best memory is this? Can you
   guess?

 S1：○○さん！

 T：Really? ○○さん，is this your best memory?

 S2：Yes!

 T：Oh, great! Why is this your best memory?

 S1：I ate curry and rice. It was delicious! I like it.

 T：Oh, I see. Your best memory is the summer camp. Who likes
   curry and rice at the summer camp? Raise your hand! Oh, so
   many!

上記のようなやり取りを行いながら，何人かの児童の思い出の写真や，
本単元の表現や語彙のピクチャーカードを，アルバム作りの参考になるよ
う，黒板やホワイトボードに整理してはる。

③本時のめあての提示（2分）

②の終了後，黒板を指さし，以下の通り尋ねる。

 T：Look at these! We have wonderful pictures! What is our goal?

 Ss：アルバムを作って，小学校の思い出を Ben 先生（ALT の先生の名
   前）に伝えること！

 T：That's right! So, this is today's goal!

黒板に「Fuzoku（小学校の名前）Album を作るために，グループの友
達に思い出を伝えよう」と本日のめあてを提示する。

④アルバム作成のためのやり取りを行う。（20分）

STEP 1（5分）：班ごとに，写真を持っている人に班員が "What's your
best memory?" と尋ね，写真を持っている人が "My best memory is ～ ."
と伝え合う活動を行う。グループで一巡する。

STEP 2（10分）：STEP 1のやり取りで，言いたいが言えなかったことや，友達のやり取りを聞いてよかったことを，クラスで共有する。これは，友達が使っている表現や友達が話している内容を参考に，学び合う機会である。例えば，友達が鎌倉で買った鳩サブレを食べている写真を示し，"My best memory is our school trip. We went to Kamakura. I enjoyed eating and shopping. I ate Hato-sable. It was delicious. I like it." と表現するのを聞き，「ALT の先生に伝えるために，地名も出して，楽しかったことを2つも言っている。具体的に食べたものや感想も話している。」という個々の気付きについて，クラスで共有する。また，各児童が表現したくてもできなかったことについても，クラスで相談し，学びを深める機会を持つ。

STEP 3（5分）：STEP 2の気付きや学びを踏まえ，再度，自分の考えや気持ちをより詳しく伝えることができるように，班でやり取りを行う。

⑤振り返りと終わりの挨拶（5分）

本時の①の Small Talk から最後のグループ活動の中で学んだことについて，振り返りを行う。その際，クラスで，やり取りにおける気付きや変容などの学習プロセスを共有し，各々の児童が学びを自己省察できるよう，学びのメタ認知を促す。最後に，本時の学びを生かして次回にアルバムを完成させることを伝える。

8　指導上の留意点

本単元では，最終ゴールを明確にして他者に伝える目的を持って学習活動を行うこと，協働の学びによるやり取りや読み書きを促すアルバム作成で児童の学びのメタ認知を促すことに留意して指導を行う。アルバムは，児童にとって何度も読み返したいポートフォリオになり，次年度の6年生の授業資料や，中学校で，先輩や他の小学校から進学してくる同級生と英語の授業で紹介し合うなど，小中連携，小小連携のためにも活用できる。

14 節 「楽しみな中学校生活」（My Junior High School Life）（第6学年）

　小学校から中学校への移行は環境の大きな変化を伴うことが多く，4月から始まる中学校生活への期待とともに不安を抱く児童も少なくない。単元目標は，各自が思い描く中学校生活について伝え合うことである。本単元では，まず中学校のホームページやパンフレットを参考に，中学校の部活動や学校行事について理解を深め，次に小学校の卒業生から届いたメッセージを聞き，中学校生活に思いを巡らせる。その際，中学校の英語の先生とよく話し合って趣旨を理解してもらい，数名の中学生を選んで指導し，CD／DVD を作成してもらう。単元のゴールの活動として，中学校生活への期待や夢を書き，発表する活動を行う。

1　単元目標

　自分が思い描く中学校生活について伝えたり，友達が思い描く中学校生活について知ったりするために，中学校で入りたい部活動や楽しみにしている学校行事，教科の学習について伝え合ったり，期待している中学校生活に関する内容を整理し，発表したりすることができる。また，中学校で入りたい部活動や楽しみにしている学校行事，教科の学習について，例文を参考に，音声で十分に慣れ親しんだ語句や表現を用いて書いたり，読んだりすることができる。

2　主な表現及び語彙

・表現：What club do you want to join?　I want to join the ［brass band club, etc.］. What（school）event do you want to enjoy?　I want to enjoy ［the culture festival, etc.］. What do you want to do in junior high school?　I want to ［study hard ／ practice hard ／ have fun with friends ／ try something new, etc.］.

・語彙：部活動（club, member, team, practice, badminton team, newspaper club, tea ceremony club, volleyball team, etc.), 学校行事（drama festival, field trip, sports day, etc.）

［既出］動作，スポーツ，教科

3 単元計画（8時間）　　＊ST（第1回〜第4回）については200頁の5参照

時	目標	主な活動　　○評価規準（方法）
1	・中学校の部活動の言い方に慣れ親しむ。	・中学校の部活動に関する会話を聞いたり，言ったりする。 ・チャンツ，ビンゴゲームをする。その後，リスニング活動を行い，中学校の部活動の言い方に慣れ親しんだ後，好きなことと中学校で入りたい部活動について，1，2文で発表する。 ○中学校の部活動について言える。（行動観察，ワークシート）
2 （本時）	・中学校で入りたい部活動について伝え合う。	・ST（第1回）。好きなことと中学校で入りたい部活動について尋ねたり，答えたりする。 ・友達に中学校で入りたい部活動についてインタビューし，友達の情報を収集，整理する。その後，グループで発表したり，クラスの前で数名の児童がペアで発表したりする。 ○中学校で入りたい部活動とその理由について伝え合える。（行動観察，ワークシート，振り返りシート）
3	・中学校の学校行事の言い方に慣れ親しむ。	・ST（第2回）。得意なことと中学校で入りたい部活動について尋ねたり，答えたりする。 ・中学校の学校行事に関する会話を聞いたり，言ったりする。その後の指導手順は第1時に同じ。 ○中学校の学校行事について言える。（第1時に同じ）
4	・中学校で楽しみたい学校行事について伝え合う。	・ST（第3回）。学校行事について尋ねたり，答えたりする。 ・中学校で楽しみにしている学校行事について尋ねたり，答えたりする。その後の指導手順

		は第2時に同じ。
		○得意なことと楽しみにしている中学校の学校行事について伝え合える。（第2時に同じ）
5	・中学校で学習する教科の言い方に慣れ親しむ。	・ST（第4回）。話題，やり取りの内容は第3回に同じ。 ・中学校で学習する教科についての会話を聞いたり，言ったりする。その後の指導手順は第1時に同じ。 ○中学校で学習する教科について言える。（第1時に同じ）
6	・中学校生活について尋ねたり，答えたりする。	・中学校生活について，卒業生からのメッセージを聞いて理解する。次に，インタビュー活動をして友達の情報を収集，整理する。その後の指導手順は第2時に同じ。 ○中学校生活について言える。（第1時に同じ）
7	・「中学校生活への抱負—部活動，学校行事，教科の学習や中学校でしたいことなど—」のスピーチ原稿を書く。	・中学校生活への抱負について尋ねたり，答えたりする。次に，中学校生活への抱負について，前時までに書き写した文も参考にしながら，内容と合うイラストを描いたり，写真をはりつけたりして，スピーチ原稿を完成させる。ペアで練習し，改善点について話し合う。その後，さらにペアで練習し，最後に，グループ内で発表し合う。 ○中学校で入りたい部活動や楽しみにしている学校行事，及び教科の学習について書ける。（第2時に同じ）
8	・「中学校生活への抱負」を発表する。	・ペアでスピーチ「中学校生活への抱負」を練習後，クラスの前でスピーチを行う。聞き手は，発表に関連した質問をしたり，感想を伝えたりする。 ○思い描く中学校生活について発表できる。（第2時に同じ）

4 準備物

絵カード（部活動，スポーツ，教科，学校行事），ワークシート，発表に使う写真やイラスト，和英辞書（クラスに数冊用意。表現活動で必要な場合，適宜使用。）

5 Small Talk の指導計画

本単元では，以下に示す4回の Small Talk を行う。第1回（第2時）は「好きなことと入りたい部活動」，第2回（第3時）は「得意なことと入りたい部活動」，第3回（第4時）及び第4回（第5時）は「学校行事」である。なお，第3回及び第4回では，教科書の学校行事のイラストを指しながら，やり取りを進める。

・第1回（第2時）「好きなことと入りたい部活動」

S1：I like music. I want to join the chorus club. How about you?

S2：I like soccer.

S1：Oh, you like soccer.

S2：Yes. I want to join the soccer team.

S1：The soccer team? That's nice.

・第2回（第3時）「得意なことと入りたい部活動」

S1：I'm good at playing the flute. I want to join the brass band club.

S2：The brass band club? Sounds nice!

S1：What club do you want to join?

S2：I want to join the newspaper club. I can write stories, *ohanashi* in Japanese.

S1：Really? That's great!

・第3回（第4時），第4回（第5時）「学校行事」

S1：I am good at running. I want to enjoy sports day.

S2：That's good.

S1：What event do you want to enjoy?

S2：I want to enjoy the culture festival. I am good at dancing.

S2：That's nice!

6　読むこと・書くことの指導計画

第2時：I like <u>music</u>. I want to join the <u>brass band club</u>.（部活動）

第4時：I'm good at <u>running</u>. I want to enjoy <u>sports day</u>.（学校行事）

第6時：I want to <u>study English hard</u>. I want to <u>make a lot of friends</u>.（中学校生活への抱負）

第7時：I can <u>play the flute well</u>. I want to join <u>the brass band club</u>. I'm good at <u>running</u>. I want to enjoy <u>sports day</u>. I want to <u>study English hard</u>. I want to <u>make a lot of friends</u>.

7　本時の展開（2/8時）

　小学校英語学習の最後の単元となることから，第8時には児童全員が中学校生活への抱負についてスピーチを行う。本時は，スピーチの冒頭部分の「中学校で入りたい部活動とその理由」について尋ねたり，答えたりする活動を行う。本時の流れは以下の通りである。

①挨拶，ウォームアップ（2分）

　挨拶や天候についてのやり取りをする。

②導入：Small Talk（5分）

　児童同士で好きなことと入りたい部活動についてのやり取りを行う。（Small Talk 第1回，200頁参照）

③慣れ親しませる活動：マッチングゲーム（8分）

　「マッチングゲーム」を行う。4人グループを作る。次頁の動作を表す絵カード（A群）と部活動（文化部と運動部）を表す絵カード（B群）をそれぞれ10枚程度裏返して置く。児童はA群のカードを1枚表に向けて，動作についてできることや得意なことを言う。次に，B群のカードを1枚表に向けて，入りたい部活動名を言う。A群とB群のカードがマッチすれば2枚のカードをもらえる。カードを多く取った者が勝ちとなる。

　（例）I'm good at painting pictures. I want to join the art club.（○）

　　　　I can sing songs well. I want to join the basketball team.（×）

④コミュニケーション・自己表現への橋渡し活動：リスニングからスピーキングへ（10分）

　指導者が，卒業生が6年生の時に書いた作文を紹介する。写真やイラス

図1　A群の絵カード例

| play basketball | do *kendo* | paint pictures | sing songs |

図2　B群の絵カード例

| basketball team | *kendo* club | art club | chorus |

トを見せながら聞かせ，聞き取れた情報を次頁のワークシートに記入させる。メッセージの内容をクラス全体で共有した後，指導者がワークシートの内容について質問し，児童はそれぞれの人物になったつもりで答える。

（例）Hello, I'm Nao. I can dance well. I want to join the gymnastics team.

1．Hi, my name is Yuta. I like calligraphy very much. I want to be a calligrapher in the future. I want to join the calligraphy club.

2．Hi, I'm Hana. I'm good at running a long distance. I want to join the track and field team.

3．Hello, my name is Ken. I enjoy collecting insects and watching beautiful flowers. I want to join the science club.

Q&A の例

　T：You're Nao. OK? Can you dance well, Nao?

　S1：Yes, I can.

　T：What club do you want to join?

　S1：I want to join the gymnastics team.

			好きなことや得意なこと	入りたい部活動
例)		Nao	ダンス	体操部
1.		Yuta		
2.		Hana		

図3　リスニング用ワークシート「先輩の入りたがっていた部活動」

⑤コミュニケーション・自己表現活動：Activity（13分）

【前半】（9分）

中学校で入りたい部活動とその理由についてインタビュー活動を行う。まず指導者が一人二役で下記の要領でインタビューの進め方のモデルを示す。次に，クラスを2つのグループ（AグループとBグループ）に分け，まずはAグループの児童が所定の時間内にできるだけ多くのBグループの児童に質問し，インタビューした友達の名前，入りたい部活動とその理由をワークシート（省略）に記入する。所定の時間が過ぎれば，中間反省後，今度は，Bグループの児童がAグループの児童に質問し，わかったことをワークシートに記入する。

T1（S1）：What club do you want to join?

T2（S2）：I want to join the tea ceremony club.

T1（S1）：(Oh, you want to join) the tea ceremony club? Why?

T2（S2）：I like green tea. (I like Japanese culture.)

T1（S1）：That's wonderful.

【後半】（4分）

複数の児童が入部を希望している部活動について，クラスの前で数名の児童がペアでやり取りを行う。その際，入りたい部活動が同じでも，その理由は児童によって異なる場合があり，さまざまであることに気付かせる。

⑥読み書きの活動（5分）

図4のワークシート「好きなことと入りたい部活動」の「書き写そう」の例文を指導者について全員で2, 3回音読後，書き写させる。

次に自分のことについて教科書の絵カード等を参考にして書かせ，隣りの席の児童とペアになり音読練習を行う。その間，指導者は机間指導により個別に指導する。

好きなことと入りたい部活動

Name （　　　　　　　　　　　）

●書き写そう。

I like music.　　　　　　　　　　　　═══════════

I want to join the brassband club.　　═══════════

●自分のことを書いてみよう。

I like ═══════════.（好きなこと）

I want to join ═══════════.（入りたい部活動）

図4　ワークシート「好きなことと入りたい部活動」

⑦　振り返りと終わりの挨拶（2分）

最後に，次回は中学校の学校行事について扱うことを伝える。

8　指導上の留意点

指導者はそれぞれの児童の好きなことや得意なことと入りたい部活動に共感するとともに，"That sounds nice!", "Fantastic!" などの言葉がけを行うようにする。第8時で中学校生活への抱負について発表するが，その様子を卒業記念に『思い出のアルバム』として DVD 等に収録して本人に渡してもよい。

────────────────■参考・引用文献■────────────────

[和書]

泉惠美子・田縁眞弓・川﨑眞理子（2019）『低学年から始める英語短時間学習』教育出版.

開発教育を考える会（編著）（2019）『地球の仲間たち スリランカ／ニジェール』ひだまり舎.

小泉清裕・東後勝明（2005）*JUNIOR COLOMBUS 21* BOOK 1，光村図書.

酒井英樹（2019）「必然性のある活動から「定着」へどうつなげるか」『英語教育』7月号，pp. 22-23.

笹島茂・山野有紀（編著）（2019）『学びをつなぐ小学校外国語教育の CLIL 実践』三修社.

直山木綿子（2020）「外国語活動・外国語科における学習評価の改善と指導の充実」『初等教育資料』No. 991.

中本幹子（2011）．*What can you do?* APRICOT.

日本児童英語教育学会・英語授業研究学会関西支部合同プロジェクトチーム（代表・樋口忠彦）（2017）『小中連携を推進する英語授業－実践的研究－』英語授業研究学会・関西支部事務局.

樋口忠彦（監修），梅本龍多・今井京（著）（2003）『英語ではじめよう国際理解④ 英語で国際交流！』学習研究社.

樋口忠彦・下絵津子・加賀田哲也・大村吉弘・泉惠美子，他（2009）「中学入学以前の英語学習経験が高校生の情意面に及ぼす影響」『英語授業研究学会紀要』第18号，pp. 47-80.

樋口忠彦（監修），衣笠知子（著）（2010）『学研英語ノートパーフェクト① 英語でエンジョイ！－歌とチャンツ』学研教育出版.

樋口忠彦（監修），田邉義隆・梅本龍多（著）（2010）『学研英語ノートパーフェクト④ 英語で Discover! －文化交流』学研教育出版.

樋口忠彦・大城賢・國方太司・高橋一幸（編著）（2010）『小学校英語教育の展開』研究社.

樋口忠彦・泉惠美子（編著）（2011）『続・小学校英語活動アイディアバンク』教育出版.

樋口忠彦・加賀田哲也・泉惠美子・衣笠知子（編著）（2017）『新編小学校英語教育法入門』研究社.

樋口忠彦・髙橋一幸・泉惠美子・加賀田哲也（編著）（2017）『Q&A 小学英語指導法事典—教師の質問 112 に答える』教育出版.

樋口忠彦・泉惠美子・加賀田哲也（編著）（2019）『小学校英語内容論入門』研究社.

樋口忠彦（監修），髙橋一幸・泉惠美子・加賀田哲也・久保野雅史（編著）（2019）『Q&A 高校英語指導法事典—現場の悩み 133 に答える』教育出版.

205

松香洋子（2008）『フォニックスってなんですか？』mpi.
村野井仁（2006）『第二言語習得研究から見た効果的な英語学習法・指導法』大修館書店.
渡部良典・池田真・和泉伸一（2011）『CLIL 内容言語統合型学習 上智大学外国語教育の新たなる挑戦〈第 1 巻〉原理と方法』上智大学出版.

　［洋書］

Johnson D. W., & Johnson, R.（1989）. *Cooperation and competition: Theory and research.* Edina, MN: interaction Book Company.

Johnson, D. W., Johnson, R., & Holubec, E.（2013）. *Cooperation in the classroom*（9th ed.）. Edina, MN: Interaction Book Company.

Kagan, S.（1994）. *Cooperative learning.* San Clemente, California: Kagan Publishing.

　［政府刊行物］

文部科学省（2009）「教育の情報化に関する手引」作成検討会（第 4 回）　配付資料（資料 1）第 3 章
　　https://www.mext.go.jp/b_menu/shingi/chousa/shotou/056/shiryo/attach/1249662.htm

文部科学省（2016）第 17 期中央教育審議会答申「幼稚園，小学校，中学校，高等学校及び特別支援学校の学習指導要領等の改善及び必要な方策等について（答申）（中教審　第 197 号）」https://www.mext.go.jp/b_menu/shingi/chukyo/chukyo0/toushin/1380731.htm

文部科学省（2017a）『小学校学習指導要領（平成 29 年告示）解説　外国語活動・外国語編』開隆堂.

文部科学省（2017b）『小学校学習指導要領（平成 29 年告示）解説　総則編』開隆堂.

文部科学省（2017c）『小学校外国語活動・外国語 研修ガイドブック』

文部科学省（2018）「学習者用デジタル教科書の効果的な活用の在り方等に関するガイドライン」https://www.mext.go.jp/b_menu/shingi/chousa/shotou/139/houkoku/1412207.htm

文部科学省（2019）『新学習指導要領解説 リーフレット』

国立教育政策研究所 教育課程研究センター（2020）『「指導と評価の一体化」のための学習評価に関する参考資料［小学校 外国語・外国語活動］』東洋館出版社. https://www.nier.go.jp/kaihatsu/pdf/hyouka/r020326_pri_gaikokg.pdf, pp.64-73

法務省（2019）「令和元年度 6 月現在における在留外国人数について」.

　［文部科学省教材・文部科学省検定済教科書］

文部科学省（2017）*Let's Try! 1, Let's Try! 2*

文部科学省（2018）*We Can! 1, We Can! 2*

開隆堂（2020）*Junior Sunshine 5, Junior Sunshine 6*

学校図書（2020）*JUNIOR TOTAL ENGLISH 1, JUNIOR TOTAL ENGLISH 2*
教育出版（2020）*ONE WORLD Smiles 5, ONE WORLD Smiles 6*
三省堂（2020）*CROWN Jr. 5, CROWN Jr. 6*
新興出版社啓林館（2020）*Blue Sky elementary 5, Blue Sky elementary 6*
東京書籍（2020）*NEW HORIZON Elementary English Course 5, NEW HORIZON Elementary English Course 6*
光村図書（2020）*Here We Go! 5, Here We Go! 6*

――――――――――――●執筆者紹介●――――――――――――

樋口　忠彦
　　　全体の内容調整・加筆・文体の統一など　はしがき，1部4章，2部扉

泉　惠美子
　　　全体の内容調整・加筆・文体の統一など　1部扉，2章，3章，2部1章6節，2章
　　　5節

加賀田　哲也
　　　1部1章，2部1章の内容調整，加筆，文体の統一　2部2章3節，10節

國方　太司
　　　1部7章，2部2章の内容調整，加筆，文体の統一　2部2章6節

＊

加藤　拓由　　　1部6章，2部1章3節・10節
　　　岐阜聖徳学園大学准教授。公立小・中学校，インドムンバイ日本人学校等を経て現
　　　職。2011年度4回国際言語教育賞児童英語教育部門受賞。著書に『小学校英語コ
　　　ミュニケーションゲーム100』（明治図書）など，共著書に『新編小学校英語教育法
　　　入門』（研究社），文部科学省検定済教科書小学校英語など。

上原　明子　　　2部2章4節・7節・8節
　　　都留文科大学教授。博士（文学）。国公立小学校，アメリカの公立小学校，福岡県
　　　教育センターを経て現職。「外国語科指導法」「フォニックス」等の授業を担当。音
　　　韻認識の研究をしている。2007年度56回読売教育賞最優秀賞受賞。共著書に
　　　『Q&A 小学英語指導法事典』（教育出版），文部科学省検定済教科書小学校英語な
　　　ど。

衣笠　知子　　　2部1章1節・5節
　　　園田学園女子大学教授。日本児童英語教育学会理事。著書に『学研英語ノートパー
　　　フェクト① 英語でエンジョイ』（学研教育出版），編著書に『新編 小学校英語教育
　　　法入門』（研究社），『小学校英語活動アイディアバンク』（教育出版），共著書に文部
　　　科学省検定済教科書小学校英語など。

中垣　州代　　2部1章4節・8節・9節

畿央大学専任講師。公立小・中学校教諭，奈良女子大学附属小学校教諭を経て現職。2015年度31回東書教育賞奨励賞受賞。児童が主体的，自律的に学ぶ外国語教育の在り方について研究を行っている。論文に「奈良の学習法『けいこ国際』を考える」『学習研究』2020冬号（奈良女子大学附属小学校学習研究会）など。

箱﨑　雄子　　2部2章12節・14節

大阪教育大学教授。現在，児童を対象とした英語のリズムの指導法について研究している。共著書に『続 小学校英語活動アイディアバンク』，『Q&A 小学英語指導法事典』（以上，教育出版），『小学校英語内容論入門』（研究社），文部科学省検定済教科書小学校英語など。

吹原　顕子　　2部2章1節・9節

大阪商業大学准教授。寝屋川市教育研修センター指導主事，公立小学校教頭等を経て現職。小中連携を踏まえた言語活動や文字指導を研究している。共著書に『小学校英語教育の展開』（研究社），『誰でもできる！「英語ノート」でらくらく授業 5年生用』（ぎょうせい）など。

俣野　知里　　2部1章2節・7節

京都教育大学附属桃山小学校教諭。共著書に『小学校英語「5領域」評価事例集』（教育開発研究所），『すぐれた小学校英語授業：先行実践と理論から指導法を考える』（研究社），論文に「小学校外国語活動指導者の不安軽減につながる校内研修プログラムの開発」『英語教育研究』43（関西英語教育学会）など。

森本　敦子　　2部2章2節・11節

高野山大学専任講師。帝塚山小学校教諭を経て現職。児童の心に響き，心が動く授業展開を心がけている。共著書に『小学校外国語活動のツボ』（教育出版），『児童が創る課題解決型の外国語活動と英語教育の理論的な実践 プロジェクト型言語活動のすべて』（東京外国語大学出版），文部科学省検定済教科書小学校英語など。

山野　有紀　　1部5章，2部2章13節

宇都宮大学准教授。大学では「初等英語教育法」「英語科教育法」を担当。小中高を繋ぐ外国語のインクルーシブ教育実現のための教科横断的カリキュラム研究を行っている。共著書に『Q&A 小学英語指導法事典』（教育出版），『学びをつなぐ小学校外国語教育のCLIL実践』（三修社）など。

樋口　忠彦（ひぐち　ただひこ）〔監修者〕

大阪教育大学附属天王寺中学校・高等学校教諭，大阪教育大学助教授，近畿大学教授等を歴任。日本児童英語教育学会および英語授業研究学会元会長，現在，両学会の特別顧問。NPO 子どもの文化・教育研究所理事。編著書に，『個性・創造性を引き出す英語授業』『小学校からの外国語教育』『これからの小学校英語教育―理論と実践』『小学校英語教育の展開』『新編小学校英語教育法入門』『小学校英語内容論入門』（以上，研究社），『小学校英語活動アイディアバンク』正・続編，『英語授業改善への提言』『Q&A 小学英語指導法事典』『Q&A 中学英語指導法事典』（以上，教育出版），『すぐれた英語授業実践』（大修館書店）など。監修書に，『Q&A 高校英語指導法事典』（教育出版），『Mother Goose World ―グースキーの冒険』全12巻（KTC 中央出版）など。

泉　惠美子（いずみ　えみこ）〔編著者代表〕

関西学院大学教授。兵庫県立高等学校教諭，兵庫県立教育研修所指導主事，京都教育大学教授等を経て現職。学術博士。日本児童英語教育学会副会長，関西英語教育学会会長，英語授業研究学会理事，など。編著書に，『続 小学校英語活動アイディアバンク』『英語授業改善への提言』『Q&A 小学英語指導法事典』『低学年から始める英語短時間学習』『Q&A 高校英語指導法事典』（以上，教育出版），『英語スピーキング指導ハンドブック』（大修館書店），『新編小学校英語教育法入門』『小学校英語内容論入門』『すぐれた小学校英語授業』（以上，研究社），共著書に，『これからの英語学力評価のあり方』『Q&A 中学英語指導法事典』（以上，教育出版），文部科学省検定済教科書英語（小・中・高）など。

加賀田　哲也（かがた　てつや）〔編著者〕

大阪教育大学教授。博士（人間科学）。大阪商業大学を経て現職。日本児童英語教育学会理事，小学校英語教育学会（JES）理事，英語授業研究学会会長，など。編著書に『Q&A 小学英語指導法事典』『Q&A 高校英語指導法事典』（以上，教育出版），『新編　小学校英語教育法入門』『小学校英語内容論入門』（以上，研究社），文部科学省検定済教科書英語（小・中・高）など。

國方　太司（くにかた　たかし）〔編著者〕

大阪成蹊大学教授。大阪教育大学附属天王寺中・高等学校などを経て現職。日本児童英語教育学会理事，英語授業研究学会理事。編著書に『これからの小学校英語教育―理論と実践』『小学校英語教育の展開』（以上，研究社），著書に『学研英語ノートパーフェクト② 英語でチャレンジ1』（学研教育出版），共著書に『英語授業改善への提言』『Q&A 小学英語指導法事典』（以上，教育出版）など。

「深い学び」を促す小学校英語授業の進め方

——スモールトークからコミュニケーション活動へ——

2021年5月19日　第1刷発行

監修者　樋口忠彦

編著者　泉　惠美子　加賀田哲也　國方太司

発行者　伊東千尋

発行所　教 育 出 版 株 式 会 社

〒135-0063　東京都江東区有明3-4-10 TFT ビル西館
電話　03-5579-6725　振替　00190-1-107340

印刷　モリモト印刷
製本　上島製本

ISBN978-4-316-80489-7　C3037